「超」怖い話

死人

久田樹生

竹書房文庫

目次

お客様各位

平素は格別のお引き立て、ご愛顧を賜り厚く御礼申し上げます。
竹書房文庫『「超」怖い話 死人』において目次に誤りがございました。
正しくは下記の通りとなります。
お詫びして訂正いたします。

【誤】		【正】	
いちびり	6	いちびり	6
キラキラネーム	11	キラキラネーム	11
てのひら返し	21	てのひら返し	21
よくあること	29	よくあること	30
愛されて三十五年	39	愛されて三十五年	40
喰い合う	45	価値なし	46
遡上	52	喰い合う	52
滴る	62	遡上	59
渡る	69	滴る	69
キャバクラ	76	渡る	76
郵便屋さん	85	キャバクラ	83
五寸釘	93	郵便屋さん	92
蓮華畑	101	五寸釘	100
盂蘭盆会	106	蓮華畑	108
カメラ封印	113	盂蘭盆会	113
タイル	123	カメラ封印	120
仕事にならない	131	タイル	130
精算	142	仕事にならない	138
遺品整理のバイト	150	精算	149
俺は悪くない	160	遺品整理のバイト	157
小体な料理屋	167	俺は悪くない	167
価値なし	176	小体な料理屋	174
使えない	182	使えない	183
身体だけ	189	身体だけ	190
登ってくる	198	登ってくる	199
白いスーツ	204	白いスーツ	205
裏切り者	209	裏切り者	210
仕掛け	217	仕掛け	218

竹書房文庫編集部

6

いちびり

桜が散るような時期だった。

内藤さんはひとり車を走らせていた。

遠く離れた大病院に入院する母方の祖母に会うためだ。

途中、祖母が好きな和菓子店の菓子を買い求める。

店を出た時刻は昼前を差していた。

だが折しもそのとき、急な大雨で高速が使えなくなっている。

仕方がなく国道と県道を併用することにした。

途中まではほぼ道なりで、ある地点から何度か分岐する道である。

高速を使わないときはいつも使っているから道順は承知している。勝手知ったる道だと
カーナビを使わず車を走らせた。

途中から山道に入り、右手側が山の斜面、左側の遙か下に川の流れる道に出る。

片側一車線で広くも狭くもない道だったが、大雨である。細心の注意を払って運転した。

ところがあるカーブを越えたときだった。

右側から何かが転がり降りてくるのが視界に入った。

人の頭くらいある、黒く丸い物だ。

途中で止まること無く車の前まで転がってくる。

驚きながら急ブレーキを踏んだ。幸いその落下物の直前で止まることが出来た。

(岩か何かだろうか)

雨で地盤が緩《ゆる》んでいるのは確かだろう。

窓を開け、耳を澄ませ、臭いを嗅ぐ。山崩れが起きる前兆に異音と強い異臭がすると聞いたことがあったからだ。

しかし異常なものは何も感じ取れない。

(どちらにせよ、落ちてきた岩は邪魔だ)

後続車のためにどかしておこうとハザードを焚き、傘を持って外へ出た。

道路上に落ちているはずの黒くて丸い物を探す。

ただしそれは泥に汚れた、ただの小石だった。

さっき見た人頭大の物とは全くサイズが違う。どう見ても碁石《ごいし》程度である。

目の錯覚だったのだろうと小石を脇に蹴り、車内へ戻った。傘があったとて、腕や足下はずぶ濡れになっていた。

持ってきていたタオルで拭き、再び出発する。

が、今度は幾ら走っても分岐点まで辿り着けない。

大雨で道を間違えたのかとも思ったが、分岐点までは一直線だ。それも最初は丁字路になるから分からないはずはない。

時計を確かめた。高速を使わないいつもなら二回目の分岐点まで来ているような時間が過ぎていた。なのにまだ一度目の分岐点にすら着いていない。

(さっきの一件で時間を喰ったのか?)

だとしても何十分もの遅れになるのはおかしい。

あまりの不可解さに思わずハンドルを握る手に力が入った。

注意深く前方を見ていると、やっと最初の分岐点が出てくる。

わざとゆっくり目的の方向へ曲がる。行く先を確かめるように、丁寧に、だ。

しかし助手席に乗せていた菓子が落ちた。

化粧箱が紙の手提げから飛び出す。包装紙が開いたのか、菓子が転がり出てしまう。包装の仕方が悪かったのかテープが外れたのだろう。

対向車、後続車を確認し、再び車を止めた。

菓子を拾い集めて箱に戻す。個別包装だから問題ない。

だが、どうしたことかひとつ足りない。九つ入りなのに八つだけだ。助手席から後部座席、運転席の床まで調べたが何処にも見当たらなかった。

包装前にしっかり中身を確認し、目の前で包んで貰ったはずなのにおかしい。

(悩んでいても仕方がない。ないものはない)

気を取り直して発進する。

そこからは何もなかった。

雨も小雨になり、スムーズに山を下ることが出来た。

だが、平地の道路へ出た途端、スマートフォンが鳴り響く。

着信は母親からだ。

入院していた祖母の急死を知らせる電話だった。


通夜の席、母親と寝ずの番をしていると彼女はぽつりと漏らした。

「お祖母《ばあ》ちゃんね。あんたにだけは死ぬとこ、絶対見せたないわ(見せたくないわ)、って言うてたよ」

何故内藤さんだけと言っていたのか、どういう理由なのかは分からない。

母親も祖母に直接それとなく訊ねたが、いつも微笑で誤魔化されていた。

内藤さんはふとあのときのことを思い出し、母親に聞かせた。

急な大雨。おかしな落下物やいつまで経っても着かない道。無くなった菓子。

なんとなくこんなことが口を突いて出た。

「死ぬとこ見せたくないから、祖母ちゃんが俺の到着を遅らせたのかな?」

母親から馬鹿馬鹿しいと笑われると思ったが、その予想は外れた。

彼女は泣き笑いしながら、何度も頷《うなず》いて言った。

祖母ちゃん、ちょい、いちびり(巫山戯《ふざけ》てはしゃぐ人)やったもんな——。

キラキラネーム

昨今、子供たちの名前が難読になっているという。
我が子に個性的な名をという親心らしい。
これらには音読みや訓読みでは解読不能な漢字使いも多い。
一見して解読できないことも多々あるようだ。
これをメディアなどは〈キラキラネーム〉と呼ぶようになった。

田山さんの娘が通う保育園に、キラキラネームの子が沢山《たくさん》居る。
運動会などでゼッケン見ただけで六割程度はキラキラしていると彼女は思った。
漢字だけではなく、ひらがなやカタカナ使用の子も多い。
当然、その親は〈キラキラネーム〉くん（ちゃん）ママやパパと呼ばれることになる。
例としてあげれば、輝星紋人陀好人（ダイヤモンドダスト）くんのママ、等か。
だから保護者の苗字やその下の名もすぐには頭に浮かばない。
田山さんも、殆どを〈○○くんママ〉などで記憶していた。

そんな中、田山さんの娘が通う保育園に途中入所してきた子供が居た。

四歳児の男の子である。

引っ越しに伴う転所であったようだ。自分の娘と同じクラスになったのだが、その名前に少し興味を引かれた。

名前の読みそのものはキラキラしていない。

ただ、女の子風の名前で、漢字使いが独特だった。

例えば、騎士斗己で、さとみと読むような風か（事実、実際の名前は違う。ここでは仮名とした。とはいえ実名も騎士をサーと読む手法に近い）。

だから普通に呼ぶ分には「さとみくんママ」でキラキラしていない。代わりに字面がキラキラしている程度である。

このさとみくんママと田山さんが何かのきっかけでよく話すようになった。

さとみくんママはシングルマザーで二十三歳だと言う。

自分より五歳年下で、まだ大学生と言っても差し支えない可愛らしさを持った女性だ。

実際、髪型やメイク、服などは普通の女子大生を思わせる。

とはいえ日中に医療事務の仕事をしているらしい。

大変ですねと労《ねぎら》うと、さとみくんママはにっこり微笑《ほほえ》んで答える。

「さとみの為だから大丈夫です」

ハキハキとした受け答えはやはり社会に出た大人を思わせる。と同時に疑問も浮かぶ。

(キラキラネームを付けるような感じじゃないんだけどな)

他の家のことなのだから、自分が気にしても仕方がない。

田山さんはスルーすることに決めた。


保育園、秋の芋掘りイベントがあった日だったと思う。

さとみくんママと何かを話していたときだった。

「私、さとみ、って言うんです」

さとみくんママが自分の下の名を口にする。

さとみ。それは息子の名前では？　と問えば、彼女は微笑む。

「同じ読みの名前なんです。自分の名前はひらがなで書きます」

思い返してみれば、これまで訊いていなかった。クラスの名簿も田山さんが子を預けている保育所だと〈個人情報の問題〉で作られていない。

だからこれまで知らなかった。

「それだと息子さんと自分の呼び分けとか大変でしょ？」

理由を聞く前に、口を突いて出た。

さとみくんママは全く困ることは無いと答えて、息子に自分と同じ読み方の名を付けた理由を教えてくれた。

息子の父親はさる事情で居なくなった。

なら私が父親の分まで息子を愛さなくてはならない。

いや、それ以上の愛を与えないといけないだろう。

それならば、百パーセントの愛を注ごう。

百パーセントの愛はどうやったら伝えられるか。

一心同体になることではないか。

一心同体になるにはどうすれば良いか。

そうだ、自分の名前と同じにすればいい。

しかし自分はひらがなで〈さとみ〉だ。

息子には強くなって欲しくもある。

そうだ、強い漢字を使って〈騎士斗己〉にしよう。

「だから、息子は漢字で騎士斗己で、私はひらがなのさとみです」

柔らかく笑う彼女の顔を見て、世の中にはいろいろな人が居るものだと感心したことは言うまでもない。

……のだが、ある時期から気になることが出て来た。

さとみくん本人があまり成長していないように見えたことだ。

背も余り伸びず、体重も増えていないように思える。言葉も四歳児としては語彙が少ないように感じた。手先や身体操作のレベルも同年齢の子たちより遅れているようだ。

(でも、そんなことは誰にも言ってはいけないことだ)

成長度合いはその子供によって違うのだから。

さとみくんママ自身も悩んでいるとよく口にしている。

大丈夫だと励ますのが精一杯だが、これればかりは余り踏み込んではいけないことだろう。

静かに見守るしかなかった。

それから更に時間が経ち、卒園まで半年辺りだったたか。

さとみくんが亡くなった。

肺炎が死因であった。
さとみくんママの落ち込み具合はとても表現できるものではなかった。
葬儀には子供と出たが、周りの皆が声を掛けるのも戸惑《とまど》うほどである。
ひとり息子を喪《うしな》ったさとみくんママが園に来ることはなくなった。
携帯番号やメールアドレスは知っていたが、コンタクトを取らなかった。
いや、取る気になれなかった、が正解だ。
実は、田山さんにある出来事があったからだ。
それはさとみくんが亡くなる少し前だったと思う。
彼女が子供を迎えに行くと、さとみくんが居た。
しゃがみ込んでじっとこちらを見詰めている。疲れ切った顔だ。
子供がするような表情に見えず、一瞬たじろいだ。
遠くで先生が我が子を呼ぶ声が聞こえた。
ほぼ同時にさとみくんがこちらへ歩いてくる。片足を引き摺っていた。
そして、彼女の側に来ると見上げながらその腕を引く。
「おばちゃん」
彼の声は子供と言うには余りに低く、余りに力が無い。

「おばちゃん」

なあに？　何かあるの？　漸《ようや》くそれだけ答えれば、さとみくんはこう言った。

——ぼくね、しんぞーか、おむねでね、しぬから。

辿々《たどたど》しい上に小さい声であったから聞き間違いだと思った。

もう一度聞き返す。

——ぼくね、しんぞーか、なにか、おむねでね、しぬから。


確かにそう言った。

心臓か、胸。

何を言っているのかこの子は。特撮かアニメか何かの影響か。嗜《たしな》めるべきだろうが、自分の子ではない。だから誤魔化すように返した。

「どうして？　なんでそんなことを言うの？」

さとみくんはそこで初めて歯を見せて笑った。

急に血の気が引いたような気がする。

ママのものという言い回しが気持ち悪かった。普通の子供が口にすればきっと微笑ましいものなのだろう。しかしさとみくんの場合は異様な響きとして耳に届く。

思わず捕まれた小さな手を払い除けてしまった。

反動でさとみくんはふらつき、少し距離が離れる。

そこへ娘が走ってきて、飛びついてきた。

これ幸いと抱き締めながら、保育園を後にした。

その日からさとみくんにも、さとみくんママにも距離を置いた。

加えて迎えに行くときはさとみくんがこちらへ来ないように気をつける。

もし彼がひとりで居るようなら、わざと他の園児や先生方の所へ近づくようにした。

さとみ君とふたりきりになりたくないし、あんな気味の悪いことを二度と聞くつもりもない。

正味の話、生理的にさとみ君を忌避していることを自覚したのだ。

だから姿を見かける度に視線を逸らした。

ところがその後、あんなことが起こった。

さとみくんは、肺炎で——胸が原因で命を落とした。

あの日の〈ぼくね、しんぞーか、おむねでね、しぬから〉や〈ぼく　ママの　ものだから〉の言葉を思い出し、ゾッとしたのは否めなかった。

それが何か関係あると断言は出来ない。ただ、何かとても厭な気持ちが胸に残った。

だから、葬儀後以降、さとみくんママには連絡をする気になれなかったのである。


葬儀から一年半くらい過ぎた頃だった。

田山さんが第二子を授かり、産婦人科を訪れたときのことだ。

待合室で声を掛けられた。

見ればさとみくんママである。

お腹が大きくなっていた。が、顔そのものはもっと若々しくなっている。

訊けば、またひとりで産み育てると言う。

「男の子らしくて」

すでに性別は判明しており、今準備に忙しいと笑った。

そして、こちらが何も言わないのに、こんなことを教えてくれた。

この子の名前は　さとみ　です。

騎士斗己と書いて、さとみ。前の子と全く同じにすると微笑んだ。

田山さんは目を丸くする。

どうしてそんなことになるのか。どういうことか。そもそも出来るのか。

二の句も告げず黙っていると、さとみくんママは受付から名を呼ばれる。

「この病院ならまた会えますね」

携帯とか変わっていませんから連絡下さいと言い置き、彼女は診察室へ向かった。

当たり前だが連絡はしなかった。

それにどうしたことか、病院で再会することも二度と無かった。

今、ふたり目の騎士斗己くんはどうなっているのか、知る由もない。

てのひら返し

山本さんには友人が居た。同じく男性で、同年代の三十代である。

その彼がある日を境に連絡が滞るようになった。

家業が上手くいっていないせいで金策に奔走しており、毎日忙しいようだった。

約一年ほど顔を見なかったが、ある日突然彼はやって来た。

身なりは綺麗にしているが、以前とは比べるべくもなく痩せている。

驚いて近況を聞けば、会社を畳むという。資金繰りで失敗して、すでに限界を迎えていた。

会社を手放しても借金は残るから、後はどうにかして返済していく、らしい。

幸い彼は資格を持っている。それを使えば雇用関係は楽にクリアできるだろう。

そのように励まして、夕食と酒を奢った。

——が、それが彼と会った最後であった。

後日、他の友人から連絡が入る。

『アイツ、行方不明になっているぞ』

別件で友人宅を訪れたときに知ったようだ。

慌てて連絡を入れる。携帯は繋がるが、出ない。メールを送っても梨《なし》の礫《つぶて》だ。

思いつく限り探してみたものの、どうしても行方は分からないままだった。


それから数ヶ月後、友人の訃報が届いた。遠い場所で遺体が見つかったのだ。

彼が残した妻――正しくは行方知れずになる前、身辺整理で別れた元妻であるが――からの連絡で、山本さんたち友人一同はそれを知った。

だが、連絡が来る前に友人が死んだことをなんとなく悟っていたのも確かだ。

状況が状況だったのだから。

葬儀に参列したが、遺体の顔は見せて貰えなかった。

理由は聞かずとも分かる。山本さんはそこで初めて涙が出て来たことを覚えている。

葬儀から数ヶ月後、自宅のポストにクラフト紙の茶色い封筒が届いていた。

通常のサイズほどだったが、厚みがある。

表も裏も確かめたが、送り主の名も宛先もない。直接投函されたのだろうか。

中には硬いものが入っている。

開けてみれば、中には小型のボイスレコーダーが入っていた。新品に見える。

どうしてこんなものが届けられたのか？　そもそもこれはどういうことなのか？

疑問は多かったが、とりあえず調べてみることにした。

電源を入れる。液晶が表示される。中には音声が二つ保存されていた。

レコーダーに出力用のジャックがあった。手持ちのイヤホンを差し込む。

先に録音された方から再生してみると、最初にノイズが流れた。

例えば、マイクの部分に何かが擦れたような音だ。

それはすぐに止み、男性の声が流れ始めた。

あの、死んだ友人の声だった。友人は今から死ぬというようなことを口にしている。

それも『山本』と名指しでの吐露《とろ》であった。

驚きの余り、一度巻き戻してしまった。

耳に集中して聞き直してみるが内容は変わらない。

音声はそれなりに近いところで録られたように思える。例えば、シャツの胸ポケットに入れて話しているように感じられた。

荒い息遣いと言葉の合間、背景音に川のせせらぎらしきものや、友人の足音のようなものも入っている。また時々あのマイクが擦れるような音が混じっていた。

友人は何故自死を選んだのかをぽつりぽつり話し始めた。

まず、金の問題であること。

そしてその問題はある人間たちの裏切り——これを彼は〈てのひら返し〉と表現していた——であったこと。

そのせいでどうしようもなくなったこと。

よくある話であるが、とても胸が痛む内容だった。

途中、呼吸音だけになった。すでに他の音は殆ど聞こえなくなっている。

その後、マイクノイズと何か分からない擦過音のようなものが続く。


『山本、今から俺は死ぬ』


唐突にこんな台詞《せりふ》が入っていた。

彼は続ける。死んでもてのひら返しをした連中を呪う、と。

奴らの名前は○○○と□□□と△△△と……と十人弱の名前を出した。

フルネームである。その中の数名は山本さんも知っている名前だった。

確かに友人と仕事で絡んでいた記憶がある。

彼は更に続けた。
――息が止まる間際まで、奴らが呪われるよう〈名前を唱えながら〉死ぬ。
出来るだけ自分の死体が酷い姿になるよう、頑張って死ぬ。
死に様が酷ければ、酷いほど呪いの力が強くなるような気がするから――。
友人の息が更に激しさを増した。周りの音は小さくなり、ノイズが目立ち始める。
一体どのような状況なのか分からない。首を吊るのか。それとも他の方法か。
友人は憎い相手の名前を念仏のように繰り返す。
『○○○○□□□□△△△……』
聞いていると頭がおかしくなりそうだった。
しかし、聞き続けなくてはならないという、強迫観念のようなものもあった。
突然名前の念仏は止み、意味をなさない怒鳴《どな》り声が響いた。
続いて何か大きな音が轟《とどろ》く。
巨大な鉄の箱が落ちたような音だった。
そして、それが終わると僅かなノイズが残り、それも途絶えた。
（聞かなければよかった）

後悔の念が押し寄せる中、イヤホンを外す寸前だった。

何かが聞こえる。

『……〇〇〇〇……□□□□……△△△△……』

友人の声だった。あの掌返しをした連中の名だ。さっきより力強く聞こえる。

死んでないのか。もう一度耳に集中した。

名前の連呼の横で何か音が聞こえた。何の音か分からなかった。

『ああ』と友人が大きなため息のような声を発する。

直後、マイクノイズが乗り、録音が終わった。

どれくらい呆然としていただろうか。

思い出した。もうひとつ録音ファイルがあったのだ。

恐る恐る再生してみれば、またマイクノイズから始まっている。

耳を澄ますが、判別不能の環境音のようなものがずっと続いていた。

じっと我慢して聞いていると、不意に足音が近づいてくる。

そしてノイズがして、録音は終わった。

足音は友人のものなのか。それとも他の誰かなのか知る術はなかった。

慌ててノートパソコンに音声ファイルをバックアップした。

最初のファイルは約三十分程度の長さで、二つ目は六分程度だ。

レコーダーもきちんとジップ付きの袋に保管し、大事に保存しておいた。

本来ならレコーダーごと棄ててもよいくらいだ。しかし、どうしても取っておきたかった。そうすべきだという衝動であった。

その日から山本さんは友人の〈末期の声〉を時々だが聞き返した。

聞く度に新たな音を発見したが、それの正体は分からなかった。

他の誰か、例えば自分以外に聞かせるつもりは毛頭なかった。内容が内容である。とても外に出してはならないと考えていた。

が、一度だけ確認のため友人の元妻に聞かせたことがある。

このときはレコーダーではなく、ノートパソコンから直接聞いて貰った。

「主人の声です」

元妻は言い切った。その表情は硬く、何か思うところがありそうだった。

もしよろしければデータを渡しますと申し入れたが断られた。

こんな声はもう沢山です。聞けません、耐えられませんというのが理由だったが、それがなんとなくこちらに対する厭味にも聞こえたのは否めない。

それでも山本さんはこの音声を手放すつもりはなかった。

我ながらおかしな執着だと思ったが、どうしてもそんな気分になれなかったのだ。

誰が、何の目的で届けたのか分からないものであったとしても。


友人の死から二年弱が過ぎた。

その間、彼が呪うように名を繰り返した人間のうち、山本さんが知る者は全員不幸に見舞われた。多くは金のトラブルであったが、中には命を落としたものが居る。

これが友人が行った呪詛のせいなのかは知りうることは出来ない。


このレコーダーを直接見せて頂いた。

思ったより小さい。ビニール袋の中にある筐体は思ったより綺麗だった。

ただ、あるボタンの傍に一本の傷が入っている。

硬い何か、例えばドライバーの先端でグイと抉ったような。

山本さんはそれまでこの傷に気付いていなかった。

こんなに目立つものだったら認識しないわけがないし、ここのボタンに触れれば指先に伝わるはずだと首を傾げている。

傷のせいで消えたのかなぁ、でも今まで傷は無かったと思うけどなぁと独り言のように呟いた。

帰るとき、山本さんはレコーダーを大事にバッグへ収めた。

手放す気はないのか訊ねたが、そのつもりはないと断言する。

「もうファイルはなくとも、これは大事なものですから」


ところが、取材から間もなくして山本さんはレコーダーを手放した。

どうやっても〈棄てられなかった〉ので〈売った〉という。

棄てられないとは、惜しくて棄てられなかったのか。それとも物理的に棄てられなかったのか。そしてどういう方法で売ったのか。店舗か、ネットか。

そのいずれの問いも、のらりくらり躱《かわ》される。

よく分からない話だが、今はまだ理由を話せない、らしい。

いつか大丈夫になったら教えてくれると約束した。

いつになるかは分からないですが——と付け足された。

30
よくあること

成宮君たちは廃墟探索に出掛けた。
目的地は潰れたラブホテルだ。
それは都市部と都市部を繋ぐ山道の途中にあるという。
退廃的な雰囲気が単なる廃墟より良いという噂だった。
元々彼らは廃墟マニアではないが、その噂に惹かれた。
大学生ならではの行動力だろう。

その日は折しもシベリア気団の影響でとても寒い日だった。
昼食後、男四人で一台の車に乗り合わせ、延々と走った。
午後二時くらいに噂のラブホテルが姿を現す。
入り口にはロープすら張っておらず、乗り入れるのは容易だった。
中は一棟一棟に車を入れるモーテル方式ではなく、集合式のホテルである。
駐車スペースのアスファルトから雑草が点々と飛び出していた。

草を避け、車を止める。

降り立った瞬間に空っ風が吹き、一気に体温を奪われた。

風を避けるため、急ぎ足で内部へ入る。

晴れているせいかそこまで暗くない。

ただ、寒い。外より冷えているように感じる。寒風が吹き込んでいるせいかと思うが、実際は中は無風状態だった。

ガランとした受付ロビーやそこから繋がる廊下。開け放された部屋のドア。

荒れ果て具合がまさに廃墟の趣だった。

誰かが口を開く。

「なんか、哀れな感じがする」

同意しながら奥へ向かう。

進めば進むほど壁や天井が破壊されていた。時々配管や配線が覗いている。

階段を上り下りして分かるのは、客室は二階から四階に渡って設えられていることだ。

各部屋も破壊の限りを尽くされていた。

まともにガラスが入った窓がない。カーテンも千切《ちぎ》れている。天井と壁は穴だらけで、床はカーペットが剥《は》がれていた。

ベッドに至ってはマットレスが外され剝《む》き出しになっている。

荒れ果てているなと連呼しながら部屋を渡り歩く。どこも似たり寄ったりだった。

廊下が途中で行き止まりになる。

引き返し、さっき使わなかった階段を下った。

そのまま一度外へ出れば強い風が吹いている。

目の前に小さな小屋があった。

箒《ほうき》などの外回り用の清掃用具が残されている。その足下には陶器の小皿やプラスチック製のボウルが並べられていた。近くには猫缶や猫の餌袋が散乱している。

ホテルの従業員が猫を飼っていたのだろうか。

「猫、もう居ないのかな?」

猫好きの友人が探し始めたがすぐに諦めた様子で戻ってきた。

傍にあった別の入り口から再び屋内へ入る。

スタッフ用の出入り口なのだろう。事務所のような所を通り、各部屋に繋がる従業員通路らしき廊下に出た。

そこから部屋を経由し、客用通路へ出る。

窓の向こうに外の景色が見えた。しかし、どういうことか風が吹き込まない。

いや、風鳴りの音は聞こえるのだが身体に空気の流れを感じないのだ。

建物の構造か風向きが原因なのか。どちらにしても不思議だった。

また気温がぐんと下がってきたのか、底冷えがしてくる。

流石《さすが》にいつまでもこんな所に居られない。

帰ろうかと言い出したとき、友人のひとりが声を出した。

「あっちの部屋、他と少し違うぞ」

見れば、天井や壁紙、調度品がかなりの割合で保たれている。

とはいえマットレスは取り外され、近くの壁に立て掛けられていた。

ちょっとだけ立ち寄ってみようと促《うなが》され、成宮君たちは全員で客室に入ってみる。

中はどうしたことが良い香りがした。

石けんか、入浴剤か、化粧品のような芳香だ。

そして暖かい。今まで暖房を使っていたような空気で満たされていた。

電気は来ていないのでエアコンがついている訳がない。何か原因があるのか知恵を絞るが、誰も理由が思い浮かばなかった。

「ああ、しまった」

誰かが小さく叫んだ。見れば、手にスマートフォンを構えている。

最初から撮影をしておけばよかったと彼は笑っていた。

皆口々にそうだな、忘れていたと頷いている。

何枚か撮ったとき、急にマットレスが倒れてきた。

慌てて避けた。

マットレスは床に勢いよく叩き付けられる。想像より大きな音が響いた。コンクリートの床にセメント袋を投げ落としたような低く鈍い音だ。

どうして突然マットレスが倒れたのだろう。風が吹いたわけでも、誰かが寄りかかったわけでもない。勝手に倒れたとしか思えない。

首を捻《ひね》っていると不意にどこからか声が聞こえた。


〈よくあることね〉


同意を求めるような、若い女の声だった。

皆顔を見合わせる。全員が聞いたことはそれで察せた。

誰かが口を開く。

「誰？　今の」

仲間内に女性はひとりも居ない。

それに、部屋の内部にも声の出元になるような何かがあるわけでもない。

思わず天井や壁に視線を向けたが、スピーカーもテレビも何もなかった。

「ヤバくね？」

全員慌てふためいて外へ飛び出した。

車に飛び乗って発進したものの、後ろから何かが追いかけてきそうで気が気ではない。

またあの声を聞きそうで、音楽を大音量で掛けた。

そのおかげか、何も起こらずに開けた場所まで逃げおおせたという。


ファーストフード店へ入り、落ち着いてから全員で今し方のことを振り返る。

あの声はなんだ。女だった。若いはずだ。あのアイドルグループのセンターの声にそっくりだった……幾つも意見交換する内、スマートフォンで撮った写真の存在を思い出す。

撮影した友人がそれを液晶に表示させた。

「……なんにも写っていない」

あの客室そのままの画像でしかない。怪しいものはなにひとつなかった。

覗き込んでいた全員、ほっとしつつも多少の落胆の色を見せる。

そのとき、突如画面が切り替わる。

着信だった。〈妹〉と表示されている。

「珍しいな」

電話の持ち主曰く、ひとつ下の妹は自分から電話を掛けてくることはないらしい。

もしかしたら急用かもしれないと席を外した。

それから少し経って、今度は成宮君のスマートフォンに着信がある。

見れば彼女からだった。

「もしもし？」

出てみたが、相手は何も言わない。

「もしもし？」

ややあって向こうから声が聞こえた。

『はあ？　なんでや？』

聞き覚えのある声だ。

ふと店の入り口を振り返ると、スマートフォンを耳に当てた友人が居る。さっき妹に掛け直すと言っていた人物だ。

「おい」

『おい』
電話口と向こうから聞こえる声が若干ずれて聞こえる。
電話を切った。友人も切りながらこちらへ戻ってくる。
ふたり顔を見合わせた。
「どうして妹に掛けたのに、お前が出るのか？」
「いや、彼女からの電話を取っただけだ」
意見が食い違うが、お互いの電話が繋がっていたのは事実である。
着信と通話履歴を調べた。
やはり〈妹から着信〉〈妹への通話〉が友人側に残っている。
成宮君の方も〈彼女からの着信〉が記録されていた。
他の友人達に説明するが若干の混乱があった。
もう一度それぞれがその場で着信履歴から掛け直す。
「あれ？」
またふたり同時に驚いた。
今度はちゃんと妹と彼女に繋がったからだ。
それぞれ相手に電話を掛けたか訊くが、どちらも掛けていないということだった。

では、何故履歴が残るのか。

番号登録間違いでもなく、また、他に思い当たる問題もない。

今度は成宮君が友人の番号に掛けてみた。ちゃんと繋がる。

電話はまともに機能している。

さっきのこともあって、少し厭な気持ちがしていた。

スマートフォンのバグかエラーだ、偶《たま》にはこんなこともあるのだろうと誰かがまとめた。

ところがそれから間もなくして、成宮君の彼女が病気に罹《かか》った。

命に関わるものではないが、長期の治療が必要なものだ。

彼女はかなり落ち込んでいる。どういう言葉を掛けて良いのか彼はとても悩んだ。

友人達に症状を伏せて相談していると、ひとりが実は……と話し出す。

あの〈おかしな電話〉の相手だった友人の妹も病を患っていた。

それも自分の彼女の病気が発覚した時期とほぼ一致している。

後からふたりになったとき、どんな病気か訊いてみた。

彼の妹の病気は、自分の彼女と全く同じものだった。

この病気は二十代の女性に発症することが多い。だから一致するのもおかしなことではない。医者も同じようなことを言っていたと聞いたこともある。

ただ、彼らからすれば単なる偶然と思えないでいる。

病気の時期や病名が一致しているのだ。

それもあの〈おかしな電話〉に関わっている相手が。

何か関連があるのではないかと疑っても不思議ではない。


――取材の最中、成宮君とその電話相手だった友人から質問された。

こういう異様な偶然のような話は、よくあるのか？　と。

答える前に、彼らははっと気付いた顔を浮かべた。

「あの……廃墟、ラブホで聞いた声、言葉って、無関係でしょうか？」

若い女の声でひと言だけ聞こえた、あの言葉。


〈よくあることね〉

愛されて三十五年

山内さんが飲食店をやっていたとき、耳にした話である。

ある冬の日、最後の客が彼にぽろっと漏らす。

「うちの店の裏口に、義理の母親が来る」

それが辛《つら》いとさめざめ泣くのだ。

最近よく来る客で、毎回暗い顔をして杯を重ねていたから気になっていた。

義理の母親が来て辛いとはどういうことか、何か親族間で骨肉の争いでもあるのかと水を向ければ、少し戸惑ってから説明をしてくれた。

客は大野木といい、和菓子屋の二代目だった。

先代である父親が歳を取ってから生まれたので、まだ三十手前である。

職人からも高い評判を得ていた先代だったが、急に息子である彼に店を譲った。

身を引いてからすぐに体調を崩し、そのまま身罷《みまか》ったという。

その頃、大野木の義理の母親――先代の後妻はまだ四十半ばと若く、夫が居なくなってからというもの急に行動がおかしくなった。

遺産の使い込みに始まり、店の経営を拙《まず》い方へ改変させようとしたり、果ては派手な男遊びまで始める。

店の評判に加え、亡き父の名も地に落ちかねない事態を引き起こしていた。

おかげで大野木自身の縁談もなかなか纏《まと》まることがない。

彼は悩んだ末、後妻を追い出しに掛かる。

各方面への根回しが上手くいったせいか、義理の母親を上手く追放できた。


だが、それから二年ほど経った夜中、裏口のチャイムを鳴らす者がある。

こんな時間に迷惑なと階下に下り、返事をしながら外灯を点けた。

どなたか？　声を掛ければ応えが返ってくる。

〈ただいま。戻ったよ。開けてよ〉

聞き間違うはずがない、義母の声だった。

ドアに嵌《は》められた曇りガラスの向こうに人影が近づいてくる。

ぼんやり透けたその姿はどう見ても義母本人だった。

「入れるわけにはいかない。帰ってくれ」

しかし義母は引かない。ここは私の家だ、あんたのものではないと強気に出てくる。

居丈高に叫びだし、近所へ迷惑が掛かりそうになった。

埒《らち》があかないとドアを開ければ、そこに誰もいない。

たった今までガラスに影が映っていたはずだ。

狐につままれたように立ち尽くしていると、二階から叫び声が聞こえる。

駆け込んでみれば、昨年結婚した妻が首を押さえて転がり回っていた。

助け起こすが手足をバタバタさせ、遂には声すら出せなくなる。

顔色が大きく変わり、今にも死んでしまいそうだ。

救急車を呼んだが、到着までに妻は元に戻った。念のために救急外来で診て貰ったが、異常はなく、特に処置をして貰えなかった。

妻に話を聞けば、夫である大野木が階下へ行って少しした頃、もの凄く苦しくなったという。呼吸《いき》は吐けても吸えない状態で、どうしようもなかったらしい。

何もなかったのだからよかったじゃないかと安心した。

——が、それから時々夜中にチャイムが鳴った。

だいたい同じ時間帯で、夜の十一時十五分辺りだ。

出れば義母の声がする。そして、妻が苦しむ。

義母が消え、少し過ぎると妻は元に戻った。

どう考えても義母は生きている人間ではない。

ならば夜中の訪問を無視すべきだろうと、チャイムが鳴ろうが義母が叫ぼうが相手をしなかった。それでも少しすると妻はのたうち回る。

そして仏間の遺影や位牌《いはい》がその場で音を立てて割れたり、落ちたりと異様なことが起こるようになった。

義母の相手を再開した途端、どうしたことか仏間の異変は無くなった。

だが、妻の苦しみはいつまでも続く。

のっぴきならない状況に神社や寺を頼るが、一向に解決しない。

ここ最近は義母の相手も、妻の介抱も厭で仕方がない。

だから大野木は毎日のように、午後十一時前になると山内さんの店に飲みにくるようになった。

「もう、義母の声も、妻の苦しむ姿も、見たくないのです」

山内さんはふと気付いたことを訊ねた。

こうして最近ここにいるということは、その間は義母の相手をしていないことになる。だとしたら仏間はどうなっているのか。

大野木はげんなりした顔で答える。

「荒れ放題ですよ」

冬が終わる頃、大野木は店に来なくなった。

山内さんは彼の和菓子屋を確かめに行く。

すでに貸店舗になっており、看板は下ろされていた。

裏へ回ると立て看板がひとつ、無造作に放ってある。

そこには〈愛されて三十五年〉と書かれていた。

なんとなく気になって裏口を調べた。

チャイムの周辺は何かに引っかかれたような傷だらけであったが、それよりも気になる痕跡がある。

裏口を外側から封じたような釘穴が無数に残っていた。

何本か釘は残っており、近くには割れた板が幾つも棄てられている。

それらを目にした山内さんは思わず裏口に向けて手を合わせた。

大野木やその妻、義母に対してではなく、その和菓子店そのものへの鎮魂の意であった。

大野木の和菓子店は今、全く違う業種が使っている。

通りからちらと見える裏口が有った場所に、真新しい板がぴしりと貼られていた。

整然と、隙間なく。

価値なし

芦川さんは大笑いする。

「俺のさ、ガッコの同級生が化けて出たんだよ」

高校の頃、散々虐《いじ》めて虐めて、虐め殺した相手だった。

初めて出たのは彼が大学の一回生だった頃だと、顎《あご》を撫でる。

それなりに金を掛けた服と、整えられた白髪交じりの顎髭が彼の今の生活を物語る。

身長は高めで骨太、最後が常に笑う感じの喋り方だ。

虐めていたのは、今から二十数年前になるらしい。

「最初出たときは、流石《さすが》に驚いたさ。だってさ、ユーレーなんだぜ? そりゃビックリするってもんだよ」

初出現はサークルのコンパから戻ってきた朝方だった。

ワンルームのアパートでひと眠りしていると、出たという。

なんの前触れも無く目を覚ましたら、ベッドから離れた冷蔵庫近くに佇んでいた。

「ソイツ、アラタって苗字だったんだよ。高校で会ってすぐ分かったんだ。ああ、コイツは虐められる側の人間だ、って」

アラタは薄暗い冷蔵庫の横で裸体でボンヤリ立っている。

頭は十円禿げ塗《まみ》れ。生っちょろい身体は痣《あざ》で埋め尽くされていた。

「友達連中と毎日アラタを虐めたんだ。誰にも言うな、殺すぞって言いながらさ。アイツ、素直に聞くんだよ。言うことをさ。こりゃいい玩具《オモチャ》が手に入ったって喜んだよ」

使い走りからストレス発散のサンドバッグ。更に公衆の面前で辱めたり、万引きなどさせたりもした。アラタの頭は禿げだらけで、身体は痣だらけになった。

「他にも色々やってくれたけどさ、もう覚えちゃないよ」

虐めの果て、アラタは高校卒業前に団地の屋上から飛んだ。

芦川さん達はその情報を耳にするや否や、学校をサボって見物に走った。

「もう警察が来た後で、片付けられてたなぁ。しかし、それらしき痕跡があったよ。アスファルトの上にさ、そうじした後の水溜まりがあってさ。ただそれだけ」

つまんなかったよ、俺たちがわざわざ来てやったのに、アラタの奴は何をしているんだ、ってそのときは皆で言ったなと芦川さんが頬を緩めた。

質問が浮かぶ。最初にアラタが化けて出たとき、どう思ったのだろうか。

「なんで何年もしてから出て来てるんだ、って思ったさ。怖い？　そんな感情は最初だけだよ。いや……あまりなかったな。だってアラタなんだぜ？」

芦川さんは冷蔵庫の横から動かないアラタをじっと観察する。

こちらに視線を合わせない。アラタが生きているときのまんまだ。嗜虐心を煽《あお》る、糞《くそ》みたいな卑屈さは死人でも変わらない。

「だからさ、俺も苛《いら》ついちゃって。怒鳴りつけたんだ」


――アラタ！　テメェ、何してんだ！　つまんねーんだよ！


アラタの姿が消えた。

芦川さんはその様子を見て「奴隷体質はまるで変わっていない」と感じたと言う。

それからもアラタは彼の元に現れた。

出てくるのはいつも夜中だったが、何時と決まっておらず、まちまちだった。

その度に彼は命令を下す。

例えば、服を着ろ。

次に出て来たときは頭だけで現れた。

「死んだ世界には、服が無いんだろうな。笑っちゃうよな」

次に出たときは、あっちを向け、だった。

その日は消えたが、日を改めて出て来たときは、後ろを向いていた。

後頭部も十円禿げだらけで、滑稽だったと彼は嗤《わら》う。

「当時のままさ。俺らから受けたストレスで頭に十円禿げがガーッと増えていったもん」

禿げのせいか、クラスメート全員がアラタを侮《あなど》るようになった。

「それ思い出してさ、化けて出たアラタの後頭部に向かってさ、俺、言っちゃったんだよね。アラタ、お前死んでも惨めだなぁって」

それ以後、アラタが出てくることは激減した。

偶《たま》に出て来てもやはり後頭部をこちらに向けているだけなので、何も変わらない。

「仕方ねぇなぁって。俺が出てこいって言っても出ないんだもん」

その内、アラタのことは忘れた。

大学生活が楽しく、また、毎日サークルの活動で忙しかったこともある。

途中から就職活動も入ったので、アラタなどに関わっている暇も無かった。

「だからずーっと忘れてたんだよ。もしかしたら出ていたのかも知れないけれど、気付かなかったのかも知れないいな」

しかし、と芦川さんは身を乗り出してくる。

「……最近さ、またアラタが出始めたんだよ」

場所は彼の会社だ。

部長クラスに与えられる個室で仕事をこなしているのだが、そこに現れる。

時間は前と違って、日中が多い。

「でも、俺以外には見えないみたいなんだよなぁ。だからアラタに命令をしてんだよ。俺以外にも見えるようになれ、って。でも出来ねぇみたいだ」

本当に使えない、価値なしな奴だと芦川さんは嘲笑《あざわら》う。

「こんな話、つまんねぇよなぁ？　怖くないよなぁ？　使えねぇよなぁ？」

マジでさ、アラタが無価値な奴で申し訳ないとまた笑顔を向けてきた。


それから数ヶ月後、ある確認の件で芦川さんに会った。

驚いた。身なりが荒れており、頭には幾つか十円禿げが出来ていた。

「俺、今、忙しいんだよ」

不機嫌そうな様子だ。語尾が笑っていない。

やるべき確認をゆっくり終え、彼にもうひとつ質問する。

アラタは今、出ているのか、と。

「出ているよ。今は自宅にも。でも俺だけにしか見えない」

少し変化があったのかと聞き返せば、彼は少し声を荒げた。

「もういいんだよ！　俺は今大変なんだよ！」

今、彼は会社から追い出されそうになっている。

僅かなミスがあれこれと発覚していることが原因らしい。

そのストレスで、十円禿げが出来たようだった。

彼がぼそっと漏らす。

「アラタの奴、禿げが無くなっててさ、最近、アイツ」

――俺に向かって嗤うんだよ。俺の目をしっかりと見てさ。

「すげぇ、ムカつくんだ。こっちは死活問題真っ最中だって言うのに」

芦川さんは現在も会社に居る。

ただし、降格され、窓際勤務となった。

今もアラタは現れている。

稀《まれ》に、窓の向こうからじっと彼を見詰めて嗤っている、らしい――。

52

喰い合う

数年前、松沢さんは単身赴任をした。
その土地でスナックのママと懇意になったという。
四十くらいでほっそりとしているが、豪快。
しかしどことなくチャーミングな女性だった。
それに安く呑ませてくれるのがありがたかった。

単身赴任が終わる頃、最後ということでスナックへ足を運んだ。
ママにその旨を告げると、とても寂しいと残念がる。
「明日は休みやけんが、午後から歓送会するばい」
言葉に甘えて翌日集合場所へ足を運べば、ママひとりしか居ない。
それも店で見るような格好ではなく、洒落《しゃれ》て落ち着いた出で立ちだった。
勝手に他の常連客辺りも誘うと思っていたが違ったようだ。
ママの知り合いがやっている個室の飲食店で、ふたりだけの歓送会である。

店で呑むときと違い、ママはゆっくりノンアルコールカクテルの杯を重ねていた。

元々酒は余り呑めず、店では呑んでいる振りをしているらしい。

もう居なくなる人だから秘密をばらしたと笑った。

それからどれくらい食事をした後か。

ママが「もうひとつ秘密をばらすったい」と神妙な顔で告げる。

冗談なのか本気なのか分からないトーンに身構えてしまった。

「これ、見んしゃい」

ママがブラウスを持ち上げ、腹の部分を見せる。

手術跡があった。かなり大きな縫合後だった。

「うちね、たまに客に喰わるっとばい」

喰われるとは、男女間の隠語的な、そういうことなのだろうか？　だとしたら傷との因果関係が分からない。刃傷沙汰でもあったというのか。

呆気にとられていると、ママが訝《いぶか》しげな顔で続ける。

――客の中に、偶《たま》に悪質なのが居る。

それが自分を〈喰う〉。

その人は金払いもいいし、周りの客やスタッフにはスマートに振る舞う。

ただ、自分に対する執着心が強い。隙あらば常に深い情念をぶつけてくる。

そういう人間に付きまとわれるようになると、身体に変調が出る。

例えば、視力が落ちたり、偏頭痛が続いたり、骨が折れたり……。

最初は分からなかったが似たようなことが繰り返されると流石《さすが》に理解できる。

どう考えても相手の執念、執着が自分に災いをなしている。ママが欲しいという歪んだ情念が――我が身を喰っているのだ、と。

こういう世界に居て客商売を続けているからこそ、こういった〈目に見えない何か〉があることを知っている。

神社でお祓いを受けたり札《ふだ》を貰ったりすることで、自衛してなんとかやり過ごしていた――。

(そういう意味で喰うと言っているのか)

オカルト的な内容に二の句が継げなかった。

ママの話は続く。

――ところがお祓いも何も全く効き目がない、凄い相手が過去に存在した。

その人は自分を愛人にしたかったようだが、当然断り続けた。

ところがある日その人が言う。

「お前が俺の物になるよう、願ば掛けたけんが」

初めてのパターンだった。

話を聞くと俗に言う拝み屋のような人に頼んだらしい。

それも物にならなければ、それなりの報いがママに降りかかるよう頼んでいると笑う。

まるで卑怯な脅しだ。

しかしここで首を縦に振ってはならない。屈してはならないとママはそれからも断固として断り続けた。

が、願を掛けたという相手の告白より三ヶ月しないうちに、ママは健康を害した。

病院に行くと内臓に癌《がん》があると診断された。

手術を受ける。無事に悪い部分を切除できた。

(今回は、うちはあン人に内臓を喰われたったい)

病院のベッドで脈絡無く頭に浮かんだ。それが真実のように思えた。

当の〈願を掛けた人物〉が見舞いにやって来ることがなかったが、逆にありがたい。

術後の経過も良好で、店に復帰した時期だ。

ある客がやって来た。〈願を掛けた人物〉の部下だった。

彼から驚きの言葉を聞かされた。

「上司が亡くなった」

あの〈願を掛けた人物〉が死んだというのだ。

会社で突然倒れ、そのまま帰らぬ人となったという。

持病を持っていたわけでも怪我をしたわけでもない突然死であった。

聞けば、自分が手術を受けた直後と相手の死のタイミングが一致していた——。


「それからあと一度、似たことがあったけん」

そのときも内臓を手術し、その直後、自分に執着していた人物が死んだらしい。

やはりその人物も何処かで願を掛けていた。

「また、うちの内臓が喰われたったい」

ママは真剣な眼差しだ。

眉唾物《まゆつば》だと松沢さんは感じたし、それに近いことを口に出す。

しかしママは引かない。

「今、うちに惚れとう人、おるったいね」

知っている。自分が取引をしている会社の部長だ。

接待の二次会で連れて行ったことがきっかけであることも重々承知している。

プライベートで行く度にママに絡んでいる姿も見た。

「少し前、部長から言われたけんが」

俺の女になるごつ、願を掛けた、と。

松沢さんは少し笑いそうになった。

どうして皆が皆、願を掛けるのか。そういうのが流行《はや》っているのか。

正直、馬鹿馬鹿しい口説き文句でしかない。

いや、それ以前にママの作った話、ネタではないか。

傷は本当に手術跡だったとしても、何故こんなときに、こんなことを自分に話すのだろう。全てがおかしい。

ママは我関せずと強い口調で話し続ける。

「うち、また、お腹切るけんが。予定は……松沢さん、あンたが地元に戻ってから少ししたら、手術よ。よく覚えておいとって」

——その時期、あの部長がどうなるか見物やけん。

ママが笑う。華やかなのに、どこか凄みのある笑顔だった。

果たして、ママと部長はどうなったのか。
松沢さんが地元に戻って後、件《くだん》の部長の訃報が届いた。
午後の会議中倒れ、そのまま病院で息を引き取ったという。
ママの携帯に電話をしてみるが出ない。
ああ、術後だなと思った瞬間、改めて血の気が引いた。
それから少し経って、ママから連絡が入った。
電話口のひと声目が今も深く印象に残っている。
『ほーぅらね。言うた通りばい』
ママはゲラゲラ笑っていた。店では聞いたことがない、とても耳障《みみざわ》りな笑い声だった。

それから一度だけ、ママに連絡を取ろうとしたことがある。
出張であの土地を再訪したとき、なんとなくだった。
ところが解約されたのか携帯に繋がらない。メールも戻ってくる。
店が入っているビルへ行けば、案内板から店の名は外されていた。

遡上

山中君が高校時代と言う。だからすでに二年ほど前になる。

当時、友人達と川釣りをすることが多かった。少し自転車で行くとよい形の魚が釣れる川があったからで、それ以外に理由はない。

しかし回数が重なると他の川へ行ってみたくなる。

夏休みに入ったので、遠くの川を目指すことにした。

しかし、予定した日にメンバーが集まらず、藪君とふたりで行くことになった。

藪君は明るく誰にでも好かれるタイプの男で、釣りもそこそこの腕前を持つ。

今回の釣行を楽しみだと言ってくれた。

約束の日、山中君と藪君は午前二時に待ち合わせ、釣りの穴場と言われる川を目指した。

目的地は自転車で三時間ほどだ。これなら朝マズメ（早朝、魚が釣りやすい時間帯）が狙えると興奮しながらの出発だった。

予定通り、目的の川に着いた。

殆ど自然の中というのか、護岸工事もされていない岩がゴロゴロした河原だ。

川面を見ればまさに清流だった。

ふと周囲を見回すが、自分たち以外誰の姿もない。周りを見ても車どころか自転車も、他の人の釣り具も見当たらなかった。

また、こういう場所にはありがちの釣り人が残したゴミも全くなく、非常に綺麗だ。穴場とは言え、ここまで人が居ない上に荒れていないものかと驚く。

「(釣り場が)荒らされていないからラッキーだ」

藪君が笑っている。確かにそうだと山本さんも嬉しくなり、自転車から荷物を下ろした。

釣り具とコンビニで買った食料と飲み物である。

これらを持って川を遡上《そじょう》しながら釣りを楽しむ予定なのだった。


しかし計画が狂ってきた。

途中途中で竿を振るが、釣果が全くないのだ。一ヶ所で粘っても魚は一匹とて上がらず、それならばとポイントをこまめに変えても釣れない。

時間が過ぎ、気温が上がってくる。蝉《せみ》が煩《うるさ》い。次第につまらない空気が漂い始める。

竿を納めて帰ろうか、どうしようかと話し合いながら歩く。

そのとき、前方にコンクリートの堰《つづみ》が出て来た。

「堰って、こんな所にあったかあ？」

事前に調べたときは、そのような情報を見た覚えが全くない。

それに周りの景観にそぐわないような雰囲気がある。

例えば、その堰だけが周囲の景観から浮き上がっているような、か。

どことなくおかしいな、変だなと首を傾げながら近づいて行くにつれ、流れ落ちる水音が大きくなってきた。

堰の向こう側である上流は見通せない。上はどうなっているのだろうか。

ドウドウと流れ落ちる水を前に、山本君と藪君は大声で相談する。

「行ってみよう」と結論が出た。一気に堰を乗り越える。

途端に、水音が酷く小さくなった。さっきまで鳴り響いていた蝉の声もさーっと遠くなる。耳に届くのは僅かな川音くらいだった。

(堰を境に空気感が変わった)

山中君が藪君を振り返ると、彼も同じことを口にする。

ではどんな感覚なのか。お互いの認識は〈空気が張り詰めた感じ〉で一致した。

上流を遠く透かし見ていると、隣に居た藪君が急に前に向かって歩きはじめた。

何か虚《うつ》ろな目で岩場を進んでいく。

声を掛けても無反応で、藪君は緩慢な動きで延々先へ進んだ。

後を追いかけるのだがどうしても追いつけない。思ったより彼の足が速いのだろうか。

ついに藪君は川の流れに入っていった。

後を追って驚いた。膝くらいの深さだが、予想より抵抗がある。

流れが強いせいか、足を取られそうだ。

しかし藪君はそれを物ともせずズンズン前に歩いて行く。

まるでアスファルトの道路を平然と歩くような感じだ。

あっという間に距離が開いていく。

いつしかドウドウと川の音が強くなってきた。足下の抵抗も更に強まり、流されそうだ。

焦りが強くなったとき、唐突に知らない声が聞こえた。

〈ストォー、プ！　ストォー、プ！〉

すぐ後ろ、首の真後ろ辺りからだ。それも流れの音すら掻き消すような調子で耳に響く。

男の、それも叫ぶような声だ。自分と同じくらいの年齢だと何故か分かる。

思わず振り返ったが誰も居ない。

不思議に思いつつ前方の藪君がいる方へ顔を向ければ、また聞こえた。

〈ストォー、プ！　ストォー、プ！〉

独特の区切り方だ。ストップのことだろうか。
振り返ればやはり人の姿はない。
前を向くと始まる。
遠ざかる藪君と気味の悪い背後の声にパニックになりそうになった。
が、その瞬間だった。
〈ストォー、プ！　ストォー、プ！〉
〈ストォー、プ！　ストォー、プ！〉
後ろの声と自分の声がユニゾンした。
自分の意思でで叫んだ覚えはない。でも確実に自らの口から声は出ていた。
〈ストォー、プ！　ストォー、プ！〉
〈ストォー、プ！　ストォー、プ！〉
後ろを見ると、止む。
前のや藪君へ視線を戻すと、始まる。
〈ストォー、プ！　ストォー、プ！〉
〈ストォー、プ！　ストォー、プ！〉
何度同じことを繰り返したか。

突然、藪君が止まった。

そして、こちらを振り返ると一目散にこちらへ戻ってくる。

「帰ろう、帰ろう」

淡々と繰り返しながら彼はこちらの腕を取り、堰の方向へ引っ張っていった。

気がつくとあの〈ストォー、プ！　ストォー、プ！〉も止んでいた。

堰を飛び降りる。

振り返ると堰のすぐ向こうから何かが聞こえた。

それは水の流れの音でも、人の声でもない。

ただ、何か金属の唸《うな》りのようなものがこちらに迫ってくるのだけが理解できた。

追いつかれると拙《まず》い。きっと酷い目に遭う。ただそれだけが分かった。

山中君たちは全力で逃げた。岩場なので上手く進めない。転ぶ。ただただ〈ここに居てはいけない〉気持ちから、必死に走った。

どれほど駆けたか。目の前に釣り人たちの姿が見えた。

そこで漸《よう》く落ち着き、その場にへたり込んだ。どういう理屈か分からないが、これで助かったと思ったからに過ぎない。

釣り人たちの中にはこちらを訝しげな目で見る者も居れば、どうしたと声を掛けてくれる者も居た。

「怪我をしているが、何かあったのか？」

自分たちの姿を改めて見ると、いろいろなところから血が流れていた。

岩場で転んだことによる擦過傷が多かったが、服から出ている場所には何故かススキの葉で切ったような細い傷も沢山《たくさん》あった。特に顔と腕に多く見られた。

助けてくれた釣り人に事の次第を聞かれた。

説明は主に山中君で、何故か藪君はじっと黙りこくっている。

話を聞き終えた釣り人は首を傾げた。

彼が言うにはこの先に堰などない。迷い込むような支流もないから、他の場所でもないだろう。だからおかしいと言うのだ。

そう言われても堰はあったのだから仕方がない。

何か釈然とせず帰路についたが、全身の痛みと疲労で自転車の進みが遅い。

帰る道すがら、山中君はふと思いつき藪君にあのときのことを聞いた。

「一部を除き、よく覚えていない」が彼の答えだった。

堰を越え、空気が変わったことを話し合ったことは記憶にある。

それから先、上流に上ったことは意識に残っていない。

ただし所々で頭の中に声が聞こえてきたことは覚えている。

若い女性——クラスの女子によく居そうな声質だった。

ではその声はなんと言っていたのか。藪君は裏声でこんな風に再現したという。

〈カァモー、ン、カァモー、ン〉

おかしな区切りと抑揚である。

おおよそ「カモン」のことではないかと思われるが、確証はなかった。

話している最中、藪君の顔色が悪くなっていることに気がつく。

体調が悪くなったらしい。来るときの二倍の時間を掛けて自宅へ戻った。

それから一週間、藪君は風邪で寝込んだ。

その間、山中君は友人達にあの日のことを話してみたが誰も信用してくれなかった。

当然と言えば当然かも知れない。

中には「そこへもう一度行こう」と誘ってくる人も居た。

元気になった藪君を伴い、現地まで再訪することになった。

今度は早朝ではなく午後に着くよう調整してみたが、前回と全く様子が違っていたので拍子抜けしたのは否めない。

釣り人は多く、また、ゴミも所々に見られた。まるであの日とは別の場所のようだ。

念のため上流へ向けて歩いてみたが、どれほど進んでもあの堰は見つからなかった。

場所を誤っているのかと調べてみたが、やはり場所に間違いはない。

この一件で山中君と藪君は不名誉な嘘つきのレッテルを貼られてしまった。

それから間もなくして、藪君がふさぎ込むことが多くなった。

話しかけても気も漫《そぞ》ろなことが多く、まるで人が変わったようしか思えない。

理由を訊ねてみても何も教えてくれなかった。

次第に一緒に居ることが少なくなる。受験勉強などで忙しくなったことで、余計に会話が減っていった。

微妙な仲違いのような状態で受験を迎える。

藪君は遠い所の大学を受けたとクラスメートから聞いた。

志望していた学部のない大学だったので、山中君をはじめとした友人一同驚いたものだ。

藪君はその大学に受かり、遠方へ出て行く。

それがきっかけで藪君とは完全に疎遠となった。

彼の携帯番号もメールアドレスも繋がらなくなっていたことに気付いたのはつい先日のことだ、と言えばどれ程付き合いがないか分かるだろう。

彼の実家は未だ地元にあるから、本気になれば連絡を取ることは出来る。

が、なんとなく出来ないまま今に至る。

――ただ、最近山中君はおかしな声が聞こえるという。

あの〈ストォー、プ！　ストォー、プ！〉の声だ。前と同じく、首のすぐ後ろ。

パターンは決まっていないが、殆どが外を歩いているときである。

振り返ると日常の風景しかないし、今のところ一度につき一回で終わる。

とはいえ、気になることがひとつある。

あの時と違い〈ストォー、プ！　ストォー、プ！〉の声が、藪君のものに酷く似ていることだ。気のせいかも知れないし、思い過ごしであるかも知れない。

一度きちんと藪君に連絡を取れば解決する可能性もある。

だが、もしそれで〈知らない方がよいことを知る〉、〈何かヤバいことになる〉パターンもないとは言えない。

だから、未だアクションが起こせないままだ。

この話を終えた帰路、また山中君は声を聞いたと連絡が来た。

〈ストォー、プ！　ストォー、プ！〉という、藪君にそっくりな声を。

滴る

後藤さんの親戚宅は骨董だらけだった。
焼き物、絵画、掛け軸など枚挙に暇《いとま》がない。
家の中だけではなく、庭に建てられた倉庫も骨董で溢れかえっていた。
二十代そこそこの彼女に価値はよく分からない。
本物偽物関係なく大金をはたいたものなのだろうな、程度の認識だった。
その家に住んでいるのはその親戚の男性たった独りである。
妻子に早く死に別れており、その保険金を費やしての骨董趣味だった。
彼女が用事で行く度にいろいろな品を自慢された。
(しかしこれ、保険金で買ったんだよね)
やはりあまり気持ちの良いことではなかったという。

その親戚宅の骨頭の中で、一品、曰く付きがあった。
水墨画の掛け軸である。

谷底に庵《いおり》があり、その中でふたりの仙人が碁を打っている図だ。

素人目にもあまり上手い画には見えない。

実際、きちんとした絵師が描いたようなものではなかった。

江戸時代、さる侍が描いたものらしい。

親戚曰く「骨董屋から聞いたが、家が没落する寸前、その侍は自らの血を混ぜ込んだ墨で〈無念のまま〉筆を走らせた。それがこの曰く付きの逸品である」。

後藤さんにはそれが信じられなかった。

まず骨董屋の言うことが胡散臭《うさんくさ》い。

よしんば本当だとしても、そのような心持ちで描くのに風景と仙人などをチョイスして描くものだろうか。無念があるなら、もっと他の図案を思い浮かべるのではないか。

件の親戚に正論をぶつけてみると、血相を変えて反論してくる。

「そんなこと無関係だ。この掛け軸は、祟られている。事実自分も障《さわ》りを見た」

妄言としか思えないが、とりあえず訳を訊いてみた。

――この掛け軸を開いたとき、ある部分の墨《すみ》が滴《したた》るように濡れていることがある。

艶があり、たった今描かれたようにしか思えない。

少し風通しの良いところに置くと次第に乾く。が、いつしかまた濡れる。
それだけでも不思議だが、あることに気がついた。
この濡れた状態を目にしてから間もなく、自分に関係する人間が死ぬ、ということに。
いや、死なない人も居たが、それでも命に関わるような怪我をした。
因みに関係する人間とは親族からただの友人まで広く含まれる。
だから時折取り出しては濡れていないか確認する。
関係する人々が死ぬ予兆が無いか、と——。

眉唾《まゆつば》物だ。
加えて内容も似たモチーフのものを何かで見たか読んだような気がする。
しかし、確かに親戚の周りで不慮の事故や怪我で亡くなった人がいたのは知っていた。
例えば、自分の従兄弟は仕事中のミスで手首を失った。
従姉妹の子供も突然死をしている。他、幾つか思い当たる節はあった。
信じるべきか信じないべきかで言えば、信じるべきだろう。
が、拒否したい気持ちが強い。受け入れてしまうのは厭だった。
しかし、どこが濡れるのか。ふと気になったので、もう一度掛け軸を見せて貰った。

「ここが濡れる」

親戚が指を差す。掛け軸に直接触れないように注意をしているように思えた。示された先は、庵の屋根、その縁部分辺りである。

じっと観察するが、カラカラに墨は乾いており、濡れてはいない。

親戚は掛け軸を丁寧に巻くと、すぐに箱へ仕舞った。

少し馬鹿馬鹿しくなってきたので、話題を変えたことは言うまでもない。


ところが、その訪問から三ヶ月も過ぎない頃、親戚宅が全焼した。

真冬に着の身着のまま放り出された形になり難儀をしたようだ。

何か手助けできないかと後藤さん一家が訪ねると、かなり落ち込んでいる様子だった。

訊けば「庭の倉庫まで焼けて、骨董が全て失われた」ことに意気消沈しているようだ。

動産保険を掛けているからお金は入ってくる。だが、愛着のある品々がなくなったことに多大なるショックを受けているのである。

あまり同情できなかったことは否めない。

ふとあの掛け軸のことを思い出した。

「あの掛け軸も燃えたのでしょう？」

親戚は首を振った。

では燃え残ったのだろうか。

「いや、その前に自分で燃やした」

頭が理解に追いつかない。詳しく訊ねてみる。

――だいたい二ケ月ほど前だった。

夜眠っていると、枕元に死んだ妻子が出て来た。

黙ったまま座っており、その顔は無表情だった。

気になると言えば、その着ている物と髪型から見窄《みすぼ》らしい感じを受けたことだろうか。

化けて出たのか、なんか用かと問い詰めても何も言わない。

一体なんだと憤っていたら、妻子の後ろに小柄な男が座っているのに気がついた。

白い和服だったが、侍のような髷を結った頭ではない。

ザンバラ髪で痩せこけた男だった。

誰なのか分からないのでじっと見ていたら、口も開かないのに声が聞こえた。

〈随分楽しんだだろう。お前の細君と子と迎えに来た〉

古臭い言葉使いでこのような意味のことを言う。

はっと気がついた。連中は自分をあの世へ迎えようとしているのだ、と。
厭だと抵抗したところで目が覚めた。
何か胸騒ぎがしたので、あの〈濡れる掛け軸〉を調べた。
驚いた。
墨が滴っている。いや、そんなレベルではない。
庵が塗りつぶされた様になっている。
初めてのことだった。あまりのことに、不吉なことを感じざる得ない。
夢のこともあり、自分を祟っているのではないかと直感した——。

「だから、祟りを避けるため、自分の手で、掛け軸を燃やした」
これで大丈夫だろうと考えた。
実際、夢枕にあの三人が出てくることは二度となかった。
しかし、ここにきて火事が起きた。原因は漏電である。
危うく逃げ出せて九死に一生を得たが、骨董は戻ってこない。
もう一度集め直すモチベーションが上がらないと漏らした。

後日、親戚は新居を買い、引っ越していった。
それから間もなくして病気が発見され、帰らぬ人となった。
入院する少し前、彼がこんなことを自分の父に話すのを聞いたことがある。
「越してから少しした頃、トイレで病気に気付いた」
親戚は黒い便や下痢を排泄するようになっていた。
彼の病気は大腸癌であった。
あの掛け軸の話は本当だったのか。
掛け軸は燃やされ、親戚は死に、今となっては全て漆黒の闇の中である。

渡る

加納さんには父方の伯父さんが居た。職業は長距離トラックの運転手である。

独身で、少し強面《こわもて》だが明るくて話し好き、そして下戸《げこ》で甘党だ。

〈俺は酒を呑めない。だから運転手は天職だ。飲酒運転は絶対にないから〉

こんな風によく笑っていた。彼にとっては面白く優しい伯父さんだった。


冬、大学が休みに入り加納さんが帰省したときのことだった。

その伯父さんが遊びにやって来た。

加納さんの母親が作る汁粉を食べに行くと、昨日電話があったことを思い出す。

曰く「年末で運送の仕事が忙しくなる前に、お前の母親の作る汁粉を死ぬほど喰い溜めしたくなった」らしい。

実際に何杯もおかわりをしていたから、余程、加納さんの母親の汁粉が好きだったのだろう。「死んだ母ちゃんの汁粉にそっくりだ」と言っていたのを聞いたこともある。

考えてみれば、伯父さんは加納さんの母親の作るものを好み、食べによく来ていたように思う。土産《みやげ》を持っていくとか、ちょっとした理由を付けては顔を見せることも多かった。

今回は離島の名産品だという土産を持ってきていた。

汁粉に付き合いながら土産について訊くと、伯父さんはこんなことを話し始めた。


――休み前、いつもと違うルートの仕事が入った。

フェリーを使って離島への運送だった。フェリーで一泊することになったのだが、夜が更けても眠れない。頑張って目を閉じていても逆に目が冴えて仕方がなかった。

個室ではなく雑魚寝だったから、延々ゴソゴソしていても他の乗客に悪い。

寒かったがデッキへ出ることにした。やることもなく、夜の海を眺める他ない。

そのとき、暗い海面に光る物を見た。

船のすぐ脇すれすれを、併走するように泳ぐ複数の何かだった。

数は少なくとも数十はあったはずだ。うねる光の帯のようにすら見えたのだから。

個々に目を凝らす。青紫色に光るそれ例えるなら――オタマジャクシだろうか。

細長い水滴のような形で、尾の部分が僅かに蛇行している。

そのオタマジャクシはお互いが絡み合うように海中を泳いでいた。

デッキからですら形が分かるのだから、ひとつひとつが余程大きいはずだ。

どこか一方向を目指して海を渡っているような感じを受けた。

海にはおかしな物が居るものだと観察していたが、寒さに負けて船室へ戻った――。

「きっと俺の知らない種類の、光る魚だったのだろう」

伯父さんは手近なメモ用紙にサインペンで問題のオタマジャクシをいくつも描いた。

その様子を見た加納さんの母親が、ぽつりとこんなことを口走る。

「オタマジャクシというより、人魂ね」

言われてみて気付いたが、全体的な印象はまさにそれであった。

厭なことを言うなよと伯父さんは苦笑して、メモ用紙を丸めて棄てた。

それから一年後、伯父さんは急死してしまった。場所は彼の自宅である。

彼は独身であったから、発見が遅れたことは確かだ。

死因は自殺でも他殺でもなく、所謂《いわゆる》心不全と判断された。

加納さんの父親とはふたりきりの兄弟だったし、加納さんの家族全員が悲しんだことは言うまでもない。

伯父さんの遺品整理は、加納さん一家が総出で行《おこな》った。

家の中がだいぶ片付いたところで、加納さんは外へ出る。伯父さんの自家用車を清掃することにしたからだ。

トランクに続きダッシュボードを綺麗にしていると、車検証の下に財布を見つける。

まるで隠していたようだ。

金銭は入っていなかったが、三つ、気になるものが残されていた。

ひとつは、亡くなる直前に〈長崎県五島列島〉に居たという痕跡だ。

それはレシートやチケットであった。日付から逆算して、死の前日までの数日間、滞在をしていたようだ。

仕事やプライベートで行くと事前に聞いた記憶はない。そもそも伯父さんには全く無縁の土地だったはずだ。行く理由が分からない。

二つめは、一枚のメモの切れ端だ。

それには〈オタマジャクシ〉のようなイラストが描かれていて、「五島近く」と日付と時間が走り書きされている。

三つめは……とても判断に困るものだった。

外観は白い糸で十字に縛られた白い紙包みだ。

マッチ箱より少し大きく、厚みも多少ある。

何か入っているようなので、中を開けてみた。

小さな御札と写真が入っている。神社の懐中守りであろう。とりあえずこれはよい。

問題は写真だ。全部三枚ある。

二枚は加納君の母親の写真だった。

見た感じ、最近の物が一枚。あとはかなり昔、母親が大学生だった頃の写真が一枚だ。

それぞれ四辺が真っ直ぐではない。どうも集合写真や家族写真から母親の部分だけ切り抜いたもののようだ。

そして、もう一枚。ひとりの女性が写っており、バストアップで微笑んでいる。その表情は親しげな相手に向けられた雰囲気があった。

加納さんがなんとも奇妙に思ったのは、その顔が今の母親そっくりであることか。いや、殆ど同じ顔と言っても過言ではない。

しかし着ているものや髪型が違う。父親が好まないタイプだ。母親がこんな格好をした所を見たことはない。

だとしたら、別人であるはずだ。が、この人は母親本人の可能性も残されている。

髪型と服装を変えて伯父さんと会い、写真を撮って貰った……いや、しかしそこに意味はあるのか。どうして母親はこんな表情を撮影者に向けているのか。何故伯父さんがそんな写真を持っているのか。

母親のはずはないと自分に言い聞かせるが、混乱は止まない。狼狽《うろた》えながらそれを裏返す。

モヤモヤしながら裏返して見ると三行の裏書きがあった。伯父さんの字のようだ。

一行目は〈祈願〉。

二行目は〈来世〉。

そして三行目は何故か母親の旧姓でのフルネームだった。

他の二枚も確かめた。同じ文字、内容が書かれている。

そして女性の名前。それは加納さんの母親の旧姓でのフルネームだった。

他の二枚の裏にも同じ文字、内容が書かれている。

まさか本当に全部同一人物……母親なのか。

加納さんは悩んだ。両親には見せてはいけない気がする。

亡くなった伯父さんもこれらを見せたくないから、こうやってダッシュボードの底に入れて隠していたのではないか。

彼は独断で写真と御札を処分した。

オタマジャクシのメモと一緒に白い封筒に入れ、近くの神社の御札返納所へ納めたのだ。

残った空の財布だけ、両親へ渡した。

後に伯父さんが勤めていた会社の人に当時のことを訊いたことがある。
「どうもその頃、五島列島にいい人がいたらしいよ」
弟である加納さんの父親ですら知らないことだった。
そんな人が居るなら、きちんと教えてくれたら良かったのにと父親は涙ぐむ。
母親も無言で肩をふるわせていた。顔を隠していたからどんな表情か分からなかった。
その〈いい人〉が本当に居たのか疑わしい、と加納さんが感じたことは否めない。
あの写真を見ているからこそだった。

ではどうして、伯父さんが死の直前に五島列島へ渡っていたか。
オタマジャクシのメモを改めて描いていたか。
あんな写真を御札と一緒に包んでいたか。
そして、裏書きにあった祈願、来世、そして母の名。
今になっては誰にも聞きようがないし、知りようもない。
母親に訊いても、きっと何も知らないと答えるような気もする。
自分の気持ちを整理するため、いつか五島列島へ行くべきだろうか。
それとも何もかも忘れてなかったことにするか、加納さんは悩んでいる。

キャバクラ

今から一年ほど前に石原さんから聞いた話である。

彼女はキャバクラに勤めていたが、約半年前に辞めたと言う。

「えーっとぉ、やっぱり、大変でしたよぉ？　今は気が楽ですぅ」

二十五歳の今、専業主婦をしている。

流行《はや》りのファッションに手入れの行き届いた髪と美しいネイルは往時を思わせた。

夫は小さいながらも会社を経営している社長で、日々の家事はハウスキーパーやクリーニングなどを利用している。

「十八歳の頃からあの世界に入ったんですけどぉ、やっぱりって言うか、女同士の醜ーい争いはぁ、ありましたよぉ？」

石原さんが夜の世界に入った理由は簡単で、金、である。

元々彼女は資格を得るために専門学校に通っていた。

が、在学中に親が離婚。双方から見捨てられた。理由は「お前が居ると、これからの人生の負担にしかならないから」だった。

学校に通いながらバイトをしたが、結局学費が払えなくなる。

結果、退学になった。

昼間の仕事に就いたものの、収入は低い。

仕方なくキャバクラに勤めだしたが、収入的にはこちらの方が儲けることが出来た。

ならばと昼間の仕事を辞め、夜の仕事のみに集中することになったという。

「一度この世界で生きるって決めるとぉ、けっこー、やる気が変わるんですぅ」

良い客を沢山掴むことが、彼女達の給料に直接繋がる。

また、それだけではなく、女の意地もあった。

「アイツより、あたしの方が上だ！　っていう、バッカみたいな話」

隠れた足の引っ張り合いは当たり前でしたねと、石原さんはニッコリ微笑《ほほえ》む。

中には同伴出勤、アフター。それだけではない付き合いを多数の男達とする者も居たが、
それはプロとして三流で同業者から馬鹿にされる。

太客以外は上手くあしらうのがポイントだ。

そういった客は〈生かさず殺さず、延々と利用せよ〉が上手いやり方、らしい。

「人間模様の縮図？　っていう感じで面白かったですよ」

彼女は嬉しそうに笑った。

この石原さんが最後に勤めた店には、所謂《いわゆる》〈見える〉嬢が居た。

ルミという源氏名だった。

年齢は石原さんのひとつ上と聞いたが本当がどうか知らない。

美人ではなく、どちらかといえば可愛い系。ふくよかで柔らか目の雰囲気がある。ハッキリ言えば、おじさん受けするような緩《ゆる》さがあった。

「なんかですねぇ、そんなルミだったんですけどぉ、良い客と悪い客が分かるって」

自分にとってメリットがあるかないかがハッキリと見えるという。

ただし、その良い客を独り占めすることはなかった。

「ひとり勝ちしたら周りから恨まれるので、ほどほどになるよう調整してたって」

これまでを顧《かえり》みると、確かにルミは中堅どころ辺りが定位置だった。

店のナンバーワンやツー、スリー辺りの嬢とも上手く付き合っていたと思う。

「それにぃ、ルミは店の他の嬢のも〈見えて〉ましたねぇ」

ルミはそんな話をバックヤードにふたりでいるときに話してくれる。

例えばある嬢のことだ。

その人物を名指しして「気持ち悪いのよ」とルミが吐き棄てた。

ソイツ、枕営業を繰り返しているから大量の男達が後ろに居ると眉を顰《ひそ》めた。

その嬢が近くに来ると体調が悪くなるという。

更にルミは言う。

「男の生き霊的なものがその嬢を蝕《むしば》んでいる。だからあの人、病気持ちなんだよ」

言われてみれば、その嬢は病欠することも多かった。

年齢は二十代になったばかりなのに、口を開けば身体の不調を訴えていた。

ルミ曰く「男の情念が原因。今は身体だけれど、これが心に来るとアウト」。

また、他の嬢にシングルマザーが居たが、その人には水子が憑いているとも言う。

「あの人、右肩が不自然に下がっているでしょ?」

意識して見れば、本当に右肩が下がっている。そちら側だけがなで肩に見えるほどだ。

立っていても座っていてもそれは変わらない。

「全部でふたりね。それぞれお父さんは違う」

ルミは事も無げに話すが、流石《さすが》に確かめる術は無い。

「ああ、分かんないよねぇ。仕方ないよ」

笑うルミはふと真顔になった。

「ああ、そういえば、あの人、覚えている?」

半年前に急に店を無断欠勤し、そのまま辞めたアヤカのことだった。

「覚えてるよぉ？　それが？」

ルミがぼそっと耳打ちする。

「あの人、死んでるよ」

言い寄っていたこの店のオーナーを袖にしたことで、報復されたのだと言う。

しかしそんなことが警察などにバレずに済むものだろうか。

「蛇の道は蛇。やり方は色々あるの」

ルミが笑うが、その目は冷たい。

「でも、ほんとぉ？」

本当だと言って、ルミがロッカー脇を指《さ》した。

「そこ、アヤカ、来てるもん」

唐突に土のにおいがする。そしてそれはすぐ腐った貝のような悪臭へ変わった。

と同時にロッカーがミシミシと軋《きし》み出す。

ぞっとして見詰めている石原さんの横で、ルミが囁いた。

「ザクザクでバラバラで、土塗《つちまみ》れの身体で居る」

ザクザクでバラバラ？　どういう状態なのか。続く軋みの中で、ルミが言い淀む。

「身体はザクザクでバラバラだけど、顔だけ綺麗なの」

他の嬢が入って来る。臭いも音も止んだ。

訳もなくなくバツが悪くなり、石原さんは逃げるようにホールへ向かう。

後を追ってきたルミが耳打ちしてきた。

「アヤカはオーナーを待ち構えてる。そろそろだって」

待ち構える？　そろそろ？　なんのことか。

ルミは真顔で答える。

「準備が出来たから、オーナーを連れて行くって」

——あの世に。

嘘だぁ、なんだそれぇと巫山戯《ふざけ》て返答したものの、心当たりはあった。

オーナーは週に一度出て来てはスタッフに檄《げき》を飛ばす。

ところがここ数ヶ月、覇気《はき》が無くなっていた。

空咳を繰り返すし、一気に老け込んでもいる。

まさかアヤカがやっているのかと、石原さんはゾッとした。

オーナーはどうなったのだろう。

「ああ、あたしが辞めた後なんですけど、死んだらしいですよ」

当時、同じ店に居た嬢から報告があったという。

病死だろうか？

「病死じゃないです。でも」

彼女は口ごもる。本当がどうか知らないけど、と前置きをした。

「殺されたらしいです。その筋の人から」

死体は見つかっていない。秘密裏に処理されたと聞いた。

「教えてくれた子、そういう世界と繋がりのある彼氏がいるからぁ。本当がどうか、分かんないですけどねぇ」

ふと疑問が浮かぶ。何故、ルミはそんなことを石原さんに話したのだろう。

「それは、私が結婚のために辞めると決まったから。ここだけの話よ、ってぇ」

石原さんはルミから特別扱いを受けたと嬉しそうだ。

ルミは石原さんが辞めると話したときはかなり残念がってくれた。

辞める日、店がはねた後にルミとふたりきりで呑みに行ったほどだ。

「そのときぃ、幸せになるようにって、これをくれたんです」

ケースに入ったブレスレットを見せてくれた。

水晶の玉を繋いで作られたもので、全体的に輝いて見える。

「今日のコーデに合わないから着けませんけどぉ」

ルミの話をするから、参考にと持ってきてくれたのだ。

「高い物じゃ無いけれど、ルミが幸せになるパワーストーン仕様にしてくれてるって」

今もルミとは連絡し合っていると、石原さんは大事そうにブレスレットのケースをブランド物のバッグに収めた。


ところが最近、ルミが消息不明になったと石原さんは顔を曇らせる。

電話どころかメールも送れない。

共通の知り合いに訊ねても急に店を辞めて、郷里へ帰ったとしか分からない。

その郷里を知る者は誰も居なかった。もちろんルミの本名も分からない。

石原さんは落ち込んだ様子でこんなことを教えてくれる。

「ルミと連絡が取れなくなる寸前、彼女からぁ、メールが来ててぇ」

信じられない内容がそこにあった。

『アンタ、子宮頸がんだろ？　きっと子供が産めなくなる。女じゃなくない。ざまぁみろ。あのブレスレットはお前を地獄に落とすもんだ。アホ』

メールが届いたのは、手術後、退院したときだった。

パニックになりながら電話を掛けると、着信拒否されている。

メールもすぐに戻ってきた。

「調べてみたら、ブレス、ケースの中で壊れてましたぁ」

水晶に玉の全てヒビが入り、全体的に黒ずんでいた。

こんな物を持っていては駄目だと、すぐネットで売った。

出品時の名目は〈高級クリスタルブレス〉。

送料別、百円で売れた。

だから今、ブレスレットは手元に無い。

「なんで、ルミがぁ、あたしにぃ、今更ぁ、こんなことをするのか分かんないんですぅ。あんなに仲が良かったのにぃ」

恨みを買う理由等全く思いつかない、訳が訊きたいのに、もう訊けないと、彼女はさめざめと泣いた。

現在、子供が産めなくなった石原さんは、夫と離婚協議中である。

郵便屋さん

子供の頃の上殿さんは、郵便屋さんがとても好きだった。
彼女にとって郵便屋さんは手紙や荷物を運んでくるだけの存在ではない。
お届け物と一緒に心躍る何かをもたらす素晴らしい人、という認識であった。
だから郵便屋さんのバイクの音が聞こえるとよく外に飛び出したものだ。
間に合えばその手から直接郵便物を受け取った。
ヘルメットを被った配達人と顔なじみになったのも当たり前のことだろう。
「こんにちは。今日は郵便があるよ」
「こんにちは。ありがとうございます」
短いやりとりでもとても嬉しかったことを覚えている。
そんな上殿さんが小学校四年生の夏休みを迎えた年だ。
忘れもしない、神戸で連続児童殺傷事件が起こった年でもあった。
その日の午後、彼女は友達と遊ぶ予定だったが潰れてしまった。

約束した昼過ぎに友人の家へ行くと、風邪を引いたか何かで遊べないと言われたからだ。

仕方なく自宅へ戻るが、鍵が閉まっていた。

出る直前には母親は居たし、何処かへ出掛けるとも聞いていない。

だから鍵は持って出ていなかった。

(しまったなぁ)

少し待てば帰ってくるだろうか。照りつける太陽が肌に痛い。頭が焼けるようだ。他に何処へ行く場所もないので庭へ入り、家の庇《ひさし》で出来た影の下へ行く。

何もやることがない。下を見れば足下のコンクリートに蟻《あり》がいる。それをしゃがみ込んでただただ見詰めていた。

そのとき、何かの気配を感じてふと上を見上げる。

驚いた。

目に染みるような真っ青な夏空をバックに、ひとりの男が目の前に立っていた。

坊主が少し伸びたような髪で、切れ長の目がじっとこちらを見詰めている。

笑っているのか、それとも他の感情があるのか見て取ることは出来ない。

白いTシャツにジーンズ姿から、ある程度若いのだろうと分かる。

その胸に白い布で包んだ何かを片手で抱いていた。大きさは大きなペットボトルくらいあった。もちろん中身は何か分からない。

（この人、だれ？）

自宅の庭に見知らぬ人だ。思わず身を固くした。すると、向こうから声を掛けてくる。

「こんにちは」

声に聞き覚えがあった。いつもやって来る郵便屋さんだ。

制服ではないし、ヘルメットも被っていない。だからすぐに分からなかったのだろう。

正体が分かれば安心できる。ほっとしたら今度は嬉しさがこみ上げた。

「こんにちは。今日はどうしたんですか？」

当時はまだ子供だったから、彼が不法侵入をしていることに気付かない。

郵便屋さんは声を上げて笑いながら、空いているもう一方の手でジーンズの後ろポケットから一通の封書を取り出した。

「これを君に届けに来た」

洋型封筒というのか。辺が長い方に封入り口がある薄いブルーの封筒だ。

受け取ってみるが、封にノリがしていないし、宛名も送り主の名もない。

所々にしわくちゃな部分があり、少し湿っていた。

「確かに届けました」

妙に硬い言い回しをして、郵便屋さんは庭を出て行った。

風向きのせいだろう。ふーっと何かの臭いが彼の方から流れてくる。

ツンと鼻につく香水。錆びた鉄の臭気。果物か何かが熟れ切った挙げ句に生じたような腐臭。三つ全てがブレンドされたような、悪臭だった。

(いつもは臭くないのに)

常の郵便屋さんは身だしなみに気を遣っているせいか、清潔な香りがする。

少しガッカリしながら、封筒を開いた。中に写真らしきものが入っている。

取り出してみれば、二枚あった。

サイズは家のアルバムで見る程度（今ならL判だと分かる）だ。

その一枚を目にした途端、上殿さんは首を捻った。

さっきの郵便屋さんが写っていた。無表情で、部屋の中央に真っ直ぐ立っている。

服装も、あの胸に抱かれたタオルに巻かれたものも、さっきの姿そのままであった。

が、彼が立っている場所は、どういうことか上殿さんの部屋である。

勘違いではない。勉強机やベッドが同じだ。間違いない。

もう一枚も背景は変わらない。

が、郵便屋さんがこちらに向けて片手を伸ばしながら近づいてきているシーンだった。

セルフタイマーの失敗で撮れるような類のもののように思える。

近づく郵便屋さんの顔は大きく口を開けた笑顔だったが、なんとなく違和感があった。

目が笑っていない。いや、もしかしたら笑顔ではないのか。分からない。

大体、どうやって自分の部屋に入ったのか。

なにより、どうしてこの人は私の部屋で自分の写真を撮影しているのか。

（まさか泥棒に入った？　いや、もしかしたら）

何度も繰り返された神戸のあの連続殺人事件の報道が甦った。軽い恐慌状態となり、表の道路へ飛び出す。

あの青年の姿はもう何処にもなかった。

そのときバイクの音が後ろから響く。

身を固くして振り返ると、郵便屋さんの赤いバイクだった。

目の前に止まり、手に持った幾つかの封筒をこちらにひらひらさせる。

「こんにちは。今日は郵便があるよ」

聞き覚えのある声、見覚えのある顔だ。

いつもの郵便屋さんがそこに居た。そこで初めて、さっきの男の顔も声も、目の前の郵便屋さんと全く違っていたことに気がついた。

では何故、さっきは聞き覚えがあると思ったり、いつもの郵便屋さんだと信じてしまったのだろう。

狼狽《うろた》えている上殿さんに「大丈夫？」と声をかけながら、郵便屋さんは郵便物を差し出す。恐る恐る受け取ると、バイクを発進させて行ってしまった。

その背を目で追った上殿さんは身を固くした。

遠く離れた角、その近くに立った電柱の影から、あの男がそっとこちらを伺っている。

男は上殿さんに向けて、あの写真に残されていた奇妙な笑みを浮かべた。

そして間髪入れずに角の奥へ駆け込んだのか、姿を消す。

道端にへたり込みそうになったとき、男が居た角から母親がひょっこり姿を現す。

安心したことがきっかけになったのか、大声で泣いてしまった。

そんな娘の姿を見つけたのだろう。母親が駆けてくる。

どうしたのかと訊かれ、泣きじゃくりながら今まであったことを説明して写真を見せた。

母親の顔色が変わった。

その後は、慌てて帰ってきた父親と三人で警察署へ行き、婦警さんから何かを訊かれたが今となっては詳細を覚えていない。きっとあの青年のことを繰り返し聞かれたのだろう。

写真を前に両親とも同じことを口にした。見覚えのない男だ、と。

両親も男の警察官と何かを話し合っている。途中、そこへ呼ばれた。

「その男の人を、最後何処で見たのか?」

正直に答えた。自宅から離れた所にある電柱が立っていたところ。そこは路地に繋がる横道があり、多分そこに消えたのだろう、と。

母親は、道路にそんな男はもういなかったと言った。位置とタイミング的に母親と男は鉢合わせしているはずだ。それなのに彼女は男の姿を全く目撃していなかった。

脇に逃げるような道もなければ、瞬時に乗り越えられるような塀はひとつもない。

では男はどこへ行ったのか? 皆で顔を見合わせるほかなかった。

長い時間警察署に居たと思う。家に戻ったのは暗くなってからだ。

写真もそこで担当へ渡してしまったのか、帰るときにはもう親の手元にはなかった。

その日を境に、上殿さんは郵便屋さんが苦手になった。

バイクの音を耳にすると、身が固くなる。

そして、夜はひとりで眠れなくなった。

親たちも細心の注意を払ってくれていたが、あれ以来自宅に男が現れることはなかった。

あれから長い時間が過ぎた。
上殿さんはあの日のことを忘れることはない。いや、忘れられない。
先日のこと。遠く離れた嫁ぎ先にある観光地で、あの男らしき姿を目撃したからだ。
太平洋に面した景勝地。その展望台から振り返ったときだった。
その男は少し離れた所に立っていた。
こちらに向けて、あの〈奇妙な笑顔〉を一瞬浮かべる。
そしてすぐ観光客に紛れるように姿を消した。
当時のままの姿で、やはり胸に何かを巻いたタオルを抱いていた。
どうして飛行機を使うほど離れた場所であるここに居るのか。
何故、昔と全く変わらぬ姿なのか。
追いかける気力はなく、隣に居た夫にも何も言えなかった。
嫁いでから青年を見たのは、今のところその一度きりである。
どうして会いに来たのか、理由は全く思い当たらないという。
話を伺う最中、上殿さんは青年の印象を何度も繰り返した。
――全体的に地味なんだけれど、目が特徴的です。切れ長で、感情が読めなくて……。

五寸釘

倉科君は小さなデザイン・印刷会社に勤めている。

彼もすでに三十路を越え、デザイナー兼営業の中堅を担っているという。

主な取引先は地場の会社で、特にチラシやパンフレットの依頼が多い。

「こまめに顔を合わせて、きちんと相手の意図を織り込みながらデザインし、予算内に納めるわけです。なかなかやり甲斐があります」

仕事に対する真摯《しんし》さが伝わる。

だが、そんな彼が苦々しくこんな話をしてくれた。


一年ほど前だ。

倉科君が担当している会社から連絡が入った。

『今度、パンフレット等の担当者が変わるので、引き継ぎがしたい』

アポを取り、相手方の会社へ足を運ぶ。

新しい担当者は間《はざま》と言った。

四十代後半の男性で、出来る風の外見をしている。

これなら次からスムーズに仕事が進むだろうと倉科君は安心した。

が、実際に仕事の打ち合わせをはじめると、兎《と》に角《かく》話が進まない。

間は無理にカタカナビジネス用語使いたがるし、抽象的な表現ばかりして理解が難しいことこの上なかった。

「こうさァ、オタクにアウトソーシングしてる訳でしょ？　その意味分かる？　なんて言うのかさァ、ウチの会社のカラーっていうかなァ……そうね。アンビバレンツなシャープさが欲しい訳」

何をどうしたいのか、具体的にどうしたいのか何度も聞くと、間は機嫌を損ねた。

すぐに他へ発注すると言い出すのでかなり困る。

少なくとも間の居る会社からの発注は月の売り上げに大きな影響があった。

だから腰を低くして、相手が納得するまで何度もデザインし直した。

間が担当になって、数ケ月後の真冬だった。

また呼び出された。

打ち合わせのブースへ入れば、間が上機嫌で待っている。

「倉科ちゃーん。今日はネ、凄くボク、アーティステックな感覚が湧いてさァ」

そう言いながら、テーブルの上にひとつの透明ケースを置いた。

文庫本程度の大きさをしたプラスティック製の箱だった。

中には一本の釘が入っている。

サイズ的には五寸釘だろうが、全体が酷く錆びていて、真ん中が緩く曲がっていた。

「倉科ちゃん。これ使ってさ、新しい商品の、パンフ、作ってヨ」

意味が分からない。

「この釘、一体なんなんですか？」

ふふんと間は笑った。

「こないだサァ、寺にね、禅寺ね、行ったら、見つけたの」

間は「自分の感性を磨くために早朝の寺社を歩く」ことがあると言う。

つい先日も〈ある禅寺〉の中を彷徨《さまよ》っていたら、裏手の木にこの釘が刺さっているのを見つけた。

「それも藁《わら》人形をネ、これで打ちつけてあった訳」

その藁人形と釘の佇まいに、間は「いたく感性を刺激された」と言う。

これらを持ち帰り、我が社の新しいパンフレットの表紙モチーフにしたらどうかと思いついた。和物、日本の物が持て囃《はや》されている昨今、受けるに違いないと彼は踏んだのだ。

「ところがネ、こんな釘なんて抜ける訳ないじゃない？　だからどーしよかなって」

悩んで見詰めていると、勝手に釘が抜け、藁人形ごと落ちた。

これ幸いと持ち上げると、何故か人形だけが崩れ落ち、釘だけが手に残った。

「これって、かなりスピリチュアルな出来事だよネ！」

間は釘をうっとりとして見詰めている。

そして、自分のノートパソコンを取り出して、一枚の画像を見せた。

そこには落書きのようなデザイン画がある。

五寸釘模様を幾つも絡み合わせて柄にしたものだと、間は鼻高々だ。

「倉科ちゃん。だからこの釘を撮影して、表紙デザインして。明後日までに」

押しつけられた釘を持ったまま、打ち合わせブースを追い出される。

(呪いの藁人形の釘って、気持ち悪いだろ)

しかし棄てる訳にもいかない。ほとほと困って会社へ戻った。

部長に相談をしてみたが、やれるだけやれという答えだけだった。

仕方なく撮影ブースでケースの蓋だけ外した状態で五寸釘を撮影する。

が、シャッターが下りない。

何度もトライして三枚だけ撮影出来たが、二枚はピンぼけだった。

残った一枚のRAWデータをパソコン上で現像してみるが、今度は画像そのものがおかしくなる。色データすらまともに修正できない。

それればかりか保存データがひとつだけで四十ギガを越えた。

普通ならそんなことはないはずだった。

苦労してなんとかしようとしたが、どうにもならない。

遂にはパソコンそのものがハングアップしてしまった。

再び立ち上げると、そこには何故かJPEGデータになった釘画像がある。

輪郭が粗《あら》いので色々手を加えて、パンフレット表紙の仮デザインを上げた。

いつもならもっと時間を掛けるが、今回ばかりはさっさと終わらせたかった。

プリントアウト出来たのは午前十二時を過ぎた頃だ。

(でも、間さんの所に持って行くまで一日余裕があるなぁ)

会社とはいえ、五寸釘を置いておくのはとても厭だ。

しかしこれを返すためにわざわざ足を運ぶのも面倒くさい。

さてどうするかと考えていると、会社の電話全てが一瞬だけ鳴って、すぐ切れた。

倉科さんは五寸釘を置いたまま戸締まりをし、逃げるように会社を後にした。

翌日、出社すると普通に五寸釘は自分のデスクにある。

変わった様子は無い。

安心しながらも、周りの同僚に「これは気持ち悪い藁人形の釘だから触らないように」と言い置いて、外に打ち合わせに出掛けた。

仕事を幾つかこなし戻ってきたのが午後だった。

社内が何やら大騒ぎになっている。

まさか五寸釘が何かしたのかと思ったが違っていた。

「おい！　倉科君！　間さんが死んだらしい」

今日の早朝、まだ薄暗い時間からいつもの散歩に出掛けたところ、車に跳ねられた。

即死に近かったらしい。相手は逃げてそのまま捕まっていないと言う。

轢き逃げだった。


「結局、間さんの最後の依頼はなし崩し的に無くなりましたね」

倉科さんは苦笑する。

五寸釘はどうなったのだろうか？

「ああ、アレですか？　これ、言っちゃうととんでもない奴だと言われそうですが」

彼は間の葬儀に担当者として出席したとき、そっと祭壇近くに置いてきた。

相手の会社へ戻すのはなんとなく気が進まなかったのだ。

「それに間さんの葬儀会場は珍しく本人の家、自宅でしたからね。丁度いいや、って」

ただ、と彼は眉を顰《ひそ》める。

葬儀後、何週間か過ぎた後に間の自宅近くを通ったことがある。

何故か様子がおかしい。普通と違うように感じた。

事情を調べてみたら、どうも残された家族が変死をしたようだった。

ガス漏れか何かで妻と子供ふたりが中毒し、亡くなったらしい。

「これ、五寸釘のせいかなって。いや、それが当たっているかどうかは知りませんよ？」

倉科さんのパソコンに残っているはずの五寸釘関連のデータについて訊ねた。

残っていれば見せて欲しかった。

「一切残っていません。だから見せられません」

実は、間の騒動でデータを放置していたら、パソコンが人の声そっくりな音で唸ったり、仕事上大事なデータがおかしくなることがあったので、慌ててデリートしたのだ。

五寸釘のデータが無くなった途端、異常は鳴りを潜めた。

取材も終わり辺りだったか。

「ああ、そう言えば」

倉科さんは神妙な顔になる。

「間さんを殺した轢き逃げ犯、今も捕まってません」

意外と轢き逃げ犯って、捕まらないものみたいですねと彼は首を捻った。

蓮華畑

妻の実家がある所から少し郊外へ足を伸ばすと、蓮華《れんげ》畑がある。
毎年美しい風景を見せてくれるから、時期になると訪れる人も少なくない。
陣内さんはまだ幼い愛娘と散歩がてら出かけてみた。
畦《あぜ》から見渡すと春らしい風景だ。彼の心が和む。
たまたまなのか珍しく他の見物客は居ない。
傍らに立つ娘もじっと立ったまま動かなかった。
小さいながらも感動を覚えているのだろう。
「……おとーしゃん」
くるりと娘が振り返った。
何か戸惑《とまど》うような顔で蓮華畑を指さす。
「おとーしゃん。あそこ」
何もない。
あるのは咲き誇る蓮華だけだ。

蜜蜂でも居たのだろうか。それとも子供目線だと違うのだろうか。

彼はそっとしゃがみ込み、我が子の指し示す方へ目を凝らす。

驚いた。

畑の中央に人が倒れていたのだ。

白髪の頭をこちらに向けて、俯《うつぶ》せだった。

全体的な雰囲気から老人であることが見て取れる。

マスタード色の上着を着ていた。ジャンパーだろうか。周囲の蓮華から浮き上がるように目立って見える。

昼寝でもしているのか。いやそんな雰囲気はない。

(待て。それ以前に何故あんなに目立つものを認識できなかったのだ)

疑問が渦巻くが、まずは状態を確かめなくてはならない。

慌てて立ち上がり――絶句した。

倒れた人の姿が見えなくなっている。

(何故だ)

蓮華が茂っているとは言え、上から覆い隠せるようなものではない。

まさか、角度か。混乱の中しゃがみ込めば、すでに何も見えなくなっていた。

娘を抱き抱え、畑の中心へ踏み込んでいく。
やはり誰も倒れていない。何もない。
ああ、勘違いだったのだと元の場所へ戻ろうとしたとき、娘が口を開く。
「おとーしゃん。さっきのひと、いないいね」
内緒話をするような口調だった。
その言葉が自分の勘違いではなかったことを裏付ける。
しかし、現実には何も居ない。
自分の見間違えだと娘の話に適当に相槌を打ち、彼らは蓮華畑を後にした。
――それから数年後だった。
陣内さんの妻の父親が亡くなった。
義父は自宅近くの蓮華畑で俯せになって倒れていた。
第一発見者は陣内さんだった。
帰ってこないというので探しに行ったのだ。
義父は蓮華畑の真ん中に、マスタード色の服で倒れていた。
その姿は花々との鮮やかなコントラストで否が応でも目に付いた。

そしてその瞬間、数年前見たものを思い出す。

そう、娘が指を指した蓮華畑に倒れた〈ひと〉だ。

倒れた義父の姿はまさにあの記憶のままの光景だった。

義父を荼毘に付した後〈あの光景と義父〉の関係について考えた。

もちろん何も思いつかなかった。

憔悴《しょうすい》する妻と義母の姿を見ると、あのときのことは何も言えない。

当時ですら「自分の勘違いだ」と伝えなかったのだ。今になってどう説明すれば良いのかすら考えつかないし、それをすべきではないと思う。

葬儀の後も事切れた義父の姿が思い起こされる。

忘れようにも目に焼き付いて離れない。

蓮華の中に浮かぶようなマスタード色の上着。

傍に落ちていたレジ袋に幼児向けのお菓子。

もうひとつのレジ袋には沢山摘まれた蓮華が入っていた。

二年前に生まれた陣内さんの末娘のためだったのだろうか。

以来、陣内さんと妻、義母は蓮華の花も畑も苦手になった。
近くにあっても、足を運ぶ気持ちになれない。
見れば義父のことを思い出すからだ。
娘たちだけが春になると蓮華を摘んで帰ってくる。
叱ることも、棄てさせることでもできず、春が過ぎるのを待つのみである。

盂蘭盆会

〈盆ンときゃ、水辺ん、行ったらいかんとょー〉
桧《ひのき》さんが祖父母から口を酸っぱくして言われていた言葉である。
お盆の時期、祖父母のいる田舎へよく遊びに行っていたからかも知れない。
確かにお盆に海川へ入ってはいけないとよく聞く。
だから、彼女は幼少の頃からその言いつけを守っていた。

――のだが、ふと祖父母に反抗してみたくなった。
確か、中学生に上がった頃だと記憶している。
八月十三日、すでにお盆に入った時期にわざと川へ向かった。
川といっても監視員が居る〈川のプール〉と呼ばれるものである。
石を積み、深さや流れもきちんと調整されたものだ。
彼女はひとりで散々泳いで祖父母の家へ戻った。
祖父母が玄関先に居た。

濡れた髪と水着の入ったバッグですぐに見咎められると身を固くする。

しかし彼らは怒らない。

それどころか、和やかに話を振ってくる。

「どっかで泳いどったんね？　涼しかったやろ？」

どう答えてイイか悩む。

「……盆だけど、川に行った」

祖父は確かにカレンダーに視線を向けた。

そして頷いた。

「まだ、よか」

何故だ？　盆は水辺が駄目なのではないか？

疑問をぶつければ、ふたりとも訝《いぶか》しげな顔になった。

「ちゃんと言っちょらんかったか？」

彼らの言う盆とは、七月十五日と八月十五日のみであった。

特に七月十五日は気をつけて、次に八月十五日。

他の日は、出来るだけ慎みなさい程度だと笑う。

肩から力が抜けたようになった。

そんな桧さんの顔を見て、祖父が少しだけ真顔になる。

「昔ン話ば、すっかいヨ」


祖父が子供の頃、彼らもその親から同じく〈盆に、とりわけ七月と八月の十五日は絶対に水辺に近づくな〉と言われていた。

何故なら、死ぬから、であった。

子供心なりにそれを迷信だろうと半ば小馬鹿にしていた。

ところが、言いつけを守らなかった従兄弟が川で溺れ、流されてしまった。

中々見つからず「往生した（大変困った）」という。

発見されたのは三日後、かなり下流でとても酷い姿になっていた。

溺れたのは七月十五日である。

次に母方の叔父さんが沼で怪我をし、それが元で足の膝から下を失った。

この日は八月十五日のことだった。

他にも似たようなことが多々あり、親族は口々に〈盆は、七月、八月の十五ンチは、絶対、水辺ン、近づかンとよ。酷かことンなる〉と言い合ったことを覚えている。

桧さんには当然の疑問が浮かぶ。

その日に水辺に近づいたらなんで「死ぬ」のか。

祖父は理由は明確には無いと言いつつ、仮説としては有ると苦笑いを浮かべた。

訊けば祖父の家は現在のここにあったのではなかった。

元々は少し離れた土地で暮らしていた。

家屋も大きかったが、広い庭がある。

その一部を深く掘り下げて池を設《しつら》えていた。ただし、現在のようにコンクリートを貼ったりなどはしておらず、昔日の工法で作られていたらしい。

しかし例の〈盆の不幸〉が何度かあった後、祖父の父親が急に引っ越しを決めた。

その際に池の水を全て抜き、放しておいた鯉を料理して近隣住民に振る舞ったという。

祖父はその様子を眺めていたが、ある物を目にして不思議に思った。

池の底に溜まった泥を掻き出す中、次から次へと陶器が出て来たのだ。

それもカップや皿などの洋食器が主であり、殆ど原形を保っている。

このようなものを池に沈めているとは一体どういうことなのか。

上げられた洋食器は清水で洗い清められ、祖父の父親に渡された。

食器はそのまま持ち去られ、どこかへ仕舞われたようだった。

だが、引っ越し先では見ることはなく、処分されたのかも分からない。

「今ンなって思い返すと、毎年ン、七月十五ンチと八月十五ンチに、オイの親父は、あの池に何かをやっちょった気がすぃ」

祖父はその池と盆との関係を疑っているようだった。


この話を聞いて以来、桧さんは七月十五日と八月十五日は水辺に絶対行かなくなった。

もちろん祖父母の言葉を盲信しているわけではない。が、やはり気にはする。

大学生になっても言いつけを守る桧さんを見て、祖父は偉いと笑う。

が、すぐに少し眉間に皺を寄せ、別の話もしてくれた。

「オイがワケ（若い）こっ（頃）よ。実はよ、伯父ヤン（さん）とこのムヒコ（息子）ン子もよ、盆にヒッケ死ンだ（死んだ）とよ」

死因は溺死。七月十五日の夕方に発見された。

その子は十四歳だった。

しかし、海川や沼などの水辺に行ったわけではない。

彼が亡くなっていたのは、人目に付かない細く浅い溝だった。

広くも深くもなく、水が僅かに流れる場所でひっそりと事切れていたのである。

死亡現場を見た限り〈そこに自ら顔を突っ込み、溺れ死ぬまで動かなかった〉ようにしか思えなかったらしい。

事件性はなく、また、酒や薬に酩酊してもいない。ただの事故と警察は判断した。

ただ、当日、死の直前の様子を見た人が数名居た。

亡くなった子はひとりで何処かへ向かって一直線に歩いていた。

目がキラキラと輝き、何か嬉しいことがあるような顔だったようだ。

何を持っているのか、胸に四角い風呂敷包みを持っていたと目撃されている。

ただし、その包みは死亡現場で見つかっていない。だから中身も分からない。

中には歩くその子に直接声を掛けた人も存在したが、彼は一切返事をすることなく歩き去った。まるで周りが見えていないようだった。

皆は「おかしいな」と感じたが、それ以上何もしなかったという。

実は、と祖父は続ける。

「コン、ムヒコン子も、盆は絶対水辺ン行かンかったとよ。それなのに、なんかに呼ばれたか、やられたかン知らんが、こげん死ン方したとよね」

盆の言いつけを知らない周囲の人は、あの子はなんで死んだのか、謎だと噂しあった。

祖父からすれば、やはり盆と池の因果に関係しているとしか思えないという。

「だけ（だから）よ、水辺に行かんでん、死ン奴は死ンとよ」

何十年たった今も強く覚えているからと、祖父は少し無念そうな顔だった。

桧さんの祖母はなくなったが、祖父はまだ存命である。

彼女は今も、七月十五日と八月十五日は水辺に近寄らない。近寄れない。

そして出来るだけひとりにならないようにしている。

カメラ封印

研究室や工場、重要な施設などでは情報漏洩を怖れる。

内外のセキュリティに万全を期している所も多い。

それでも情報漏洩は完全に防げないという。

そんな漏洩理由のひとつに〈盗撮〉がある。

各種施設の構造や配置、社外秘・極秘のデータなどを撮影し、外部へ持ち出すのだ。

だから入構する際に、人員や車両、荷物にかなり厳重なチェックが行われている。

とあるメーカーの工場では、持ち込まれるカメラ付き携帯電話など、撮影機能のある機会の持ち込みの際に封印が施される。

封印の方法はレンズ部分を塞ぐシールを貼るという物理的なものだ。

近年は勝手に剥がすと痕跡が残る封印シールも存在する。

どれほど企業が細心の注意を払っているか分かるだろう。

金城さんは大手メーカーの中堅営業マンである。

その日、彼はとあるメーカーの工場へ呼ばれていた。

新規プロジェクト用各種パーツの選定の打ち合わせをするためである。

いつものように入構許可を得ると、仕事用とプライベートのスマートフォンのカメラを封じられた。どことなくだがいつもより入念さがあった。

指定された面会ブースで少し待つと担当者がやって来る。

なんとなく水を向ければ「最近、盗撮騒ぎがあった」と苦笑した。

使用されたのはスマートフォンやデジタルカメラではなく、巧妙に偽装された〈盗撮用のカメラ〉であったが未然に防ぐことが出来たようだ。

「最近は小さなカメラ本体と、そこから無線で外部に映像データを送るタイプもある」

やられる側とやる側のイタチごっこだと渋い顔になった。


打ち合わせを終え、受付に入構許可証を返し、封印シールを取る。

丁度昼時だったので、工場から少し離れた飲食店に入った。

近い所だと顧客に会うことが多いので、気が休まらないからだ。

席に着き、プライベートのスマートフォンを取り出すと妻から連絡が入っている。

チェックすると一歳になる愛娘の写真と〈パパ頑張って〉のメッセージがあった。
自然と顔が綻《ほころ》ぶ。
（うん、パパ、頑張る）
いつものように画像を保存し、写真のアルバムアプリを開いた。
思わず小さな声が出た。
撮影や保存をした覚えのない画像がある。
全部で五枚。
縮小表示で分かるのは、ワイシャツ姿の男性が写っていることか。
向かって右斜め下から煽りで撮ったような角度だ。
改めて開いてみる。
男性の頭がどれも左右にブレて写っていた。
残像のような状態なので、誰なのか全く分からない。
見ようによっては頭が二つか三つあるようなものもあった。
（誰だ？）
首からＩＤカードが下がっている。拡大（ピンチアウト）した。
さっきまで会っていた担当者の名が有る。

ただどうしてなのか、ＩＤカードの顔写真もぼやけていた。

顔と顔写真以外全くブレがなく、細部までクッキリ写っている。

よく動くであろう手ですら爪の付け根まで確認できるほどだ。

じっくり観察してみれば、背景はあの面談ブースのようだった。

天井や壁、身体の角度から、テーブルの上に載せたスマートフォンで撮影したような状態だろうか。

画像の詳細を調べる。撮影日時は今日で、構内に居た時間帯になっている。写した機種は自分のスマートフォンになっていた。だとすれば自分のプライベート用のスマートフォンで撮影したことになる。

が、もちろんそんな覚えはない。

愛娘の写真を見た和やかさから急転直下、一気に背中に汗が流れた。

こんなものを相手方に見られたら盗撮したと疑われてしまう。例え機密情報が含まれないとしても会社間のトラブルになるだろう。下手をしたら懲戒免職になりかねない。

慌ててタップし、五枚全てを消した。

ほっとしたのもつかの間、もうひとつスマートフォンがあるのを思い出した。

（……まさかな）

仕事用の方も調べる。

目が飛び出そうになった。

さっきと全く同じ画像が五枚、そこにある。

いや、それだけではない。

動画もひとつ記録されていた。

三分程度のもので、アングルは写真と同じ。打ち合わせしたブースと相手の姿があった。

思わず再生してみる。

どういうことなのか、頭部とＩＤカードだけに酷いブロックノイズが被さっている。まるでそこだけモザイク処理をかけたようだ。

他は滑らかに動いており、相手と自分の音声も記録されていた。内容はさっき打ち合わせしたものである。

ただ、音声は所々途切れる。前後から判断して、打ち合わせ相手の名前を呼ぶときに消えるようだ。

まるでわざわざそのように編集したとしか思えない。が、自分の仕業ではないことは確かだ。それだけは言える。

どちらにせよ、こんな物があるのは拙い。

こちらも全部削除し、ひと息吐いた……が、我に返ると同時に当たり前の疑問が浮かんだ。

（あれだけ厳重に封印して、撮影不可能なのに）

どちらのスマートフォンも正直に出して、カメラ部分は封印された。

構内を出るまで自らシールを剥がした事実はない。

それどころか、どちらもマナーモードに切り替えてアタッシュケースへ入れておいた。

取り出しても居ないスマートフォンで何が写せるものか。

では外部から転送されたのか。出来ないとは言わないが、その確率は低い。

だいたい、画像そのものがおかしい。

顔の部分だけが〈ぶれたりブロックノイズが入ったりする〉ことなど有り得るのか。

混乱しながらも確認のため、もう一度アルバムアプリを開いた。

どちらのスマートフォンからも怪しい画像と動画は消え、痕跡すらなかった。


数日後だった。

金城さんはあることを知った。

〈自分が受け持っていた取引先担当者が失踪したかも知れない〉ことを、だ。

その担当者は例のおかしな画像と動画に写っていた人物である。

前の週に新製品のデータと見積もりを送り、それに対するレスポンスを受け取った所から顔を合わせていない。

その時点であまり重大事ではないと彼は考えていた。

相手は大人である。数日間姿を消したとてストレスからの現実逃避行動程度ではないか。どうせひょっこり戻ってくるはずだ、と予想したからだ。

が、それは外れた。

それから数週間経ち、失踪が決定的だと耳にした。

例の取引先に居る他の人間からもたらされた情報だ。

『騒ぎの発端は、彼が無断欠勤したこと。上司が調べたら、家がもぬけの殻だった』

様々な方法を使い、消息を辿ったが捕まらない。

地元へ戻ったのかと実家へ行くと、両親は知らないと首を振る。

まさか息子が居るのを誤魔化しているのかと訝しんでいると、彼の親は上司と会社に協力を頼み、すぐに息子の捜索願を出した。

もし息子を匿っているなら警察には届けないだろう。大事にする前に白状するはずだ。

だから完全に失踪扱いとなった。

しかしどうして彼が行方をくらましたのか理由が分からない。

彼は社内でかなり嘱望されていた人物であり、会社の損失は計り知れなかった。

実際、彼が居なくなったことでプロジェクトの幾つかペンディング状態となった。代わりの人材を選定しているようだが、難航しているとも聞く。

金城さんも売り上げ計画の一端はそのプロジェクトを加味してのことであった。だから正直に言えば大打撃である。

意気消沈しながら他に変わったことがないか探りを入れた。

『ああ、そう言えば彼と同時期に、会社を辞めた奴が居る』

失踪した担当者と同部署の人間で、海外の同業メーカーへ引き抜かれたということだった。が、さほど有能な人物でもないのでヘッドハンティングされる対象ではない。何故なのかと皆で噂し合ったと言う。

（……失踪にその人物が関わっていないだろうか）

何か厭な想像が浮かぶが、頭の隅へ追いやった。


担当者失踪確定から少し過ぎた頃のこと。ある朝、金城さんの仕事用スマートフォンに着信記録があった。

午前三時にかかってきていて、海外の番号だった。

留守番電話に音声が記録されている。

再生してみれば、遠くで何かの音がしている。忙しなく複数人がグルグル歩き回るような、奇妙な雰囲気のものに聞こえた。

記録されたのはほんの僅かな時間であり、聞き取れたのはそれだけだ。

番号は未登録であったから掛け直さなかったが、気になってネットで調べた。

アジアの某国の番号だった。

たまにこういった間違い電話はある。しかし、心に引っかかる。

翌日の昼間、安全策を採って公衆電話から掛けて見た。

繋がった。が、普通に外国語で出られたので面食らって切ってしまう。

それは若い女性の声で、サービスセンターか窓口のような事務的な口調だった。

少なくとも留守番電話で聞いたような、奇妙な雰囲気は微塵もなかった。

電話を切った後、脈絡なく失踪した担当者の顔が浮かんだ。

(やはり、攫《さら》われた、のか)

そんな風に想像したことを思い出す。

更に同時期、海外に行ったという同部署の人間が関係しているのかと疑念も浮かぶ。

馬鹿げた考えだ。妄想だとその考えを改めて打ち払った。

もしそれが真実だとしても誰に何を訴えればよいのだ。

証拠も何もない。それにそういうものが絡んでいるのなら、警察がとっくの昔に気付いて捜査を始めているだろう。

無力な一個人は何もすべきでもないと、自らの中で決着を付けた。


が——金城さんは繰り返し思い出す。

担当者に会った最後の日、スマートフォンに入っていた異様な写真と動画のことを、だ。

どれも彼の顔と、顔を示す物がまともに写っていなかった。

あれは、この後やって来る彼の運命を示していたのではないか。

だとしても、金城さんにはどうしようもない。残酷だが、そうとしか言えない。


担当者失踪から一年弱。

今も彼は戻ってきていない。

タイル

古河さんは二十歳を越えた今も思い出す。
彼女が高校生の頃まで住んでいた所に廃墟があった。
二階建ての一軒家で、デザイナーズ住宅の趣がある。
当然の如く心霊スポットとして周りから認識された場所だ。
殺人事件があったからだと、まことしやかに囁かれた。
実際はそういう事実はないし、ただの噂でしかない。
とはいえ、スポットを探訪する者は少なからずあったと思う。
当時の彼女もそうだった。高校の部活の仲間たちと入り込んだことがあったのだ。
昼間、明るい内に裏の壁を乗り越えて侵入する。
室内はこれまでの侵入者に荒らされ、酷いことになっていた。
初めて中を見てみたが、如何《いか》にも廃墟という雰囲気が満ちている。
彼女たちは盛り上がった。上がったテンションのまま内部を探索していく。
途中、開いたドアの向こうに他とは少し違う部屋が見えた。

脱衣所のようだった。他の部屋と違ってあまりダメージを受けていない。

誰も手を出してないのかと入ってみる。

「あれ？　なんかちぐはぐじゃね？」

誰かが疑問の声を上げた。脱衣所から覗く浴室はかなり古臭く見える。

例えるなら彼女たちが産まれる前、遠い昭和を思わせた。

天井以外が薄青く細かいタイルで覆われ、樹脂製の浴槽は細かいヒビ割れが入っている。

洗い場は大きめのタイルが敷き詰められ、排水溝は金属製の丸いものだった。

簡素な蛇口には水垢がこびり付いている。

建家の外観は割と新しめのデザインだったから、似合わないことこの上ない。

「くっそみてぇなお風呂場」

誰かが壁を蹴った。

ビクともしない。余程丁寧な仕事を施されているのだろう。目地もしっかりしており、タイルが外れるような浮きも隙間も無かった。

ああ、だから誰かがここを荒そうとしても荒らせないんだなと皆想像した。

それから古河さん達は何度かこの廃墟に忍び込んだ。

いつも暇なときの昼間だったから怖くはない。

その度に浴室へ行くが、やはりそこだけ無事なままだった。

何度目かのとき、友人のひとりがそのタイルの壁に油性マジックペンで落書きを行った。

何月何日　探検記念のような単純な落書きだったと思う。

黒と赤、中太・細字のペンで落書きの周囲を彩っていく。

グラフィティ（路上の壁などに行われる落書きペイント）を気取っているようだったが、クオリティはかなり低い。こりゃ駄目だわと馬鹿笑いをして、その場を後にした。

次に行くと、壁の落書きが消えている。

皆「誰が消したのか」と論議になったが、もちろん分からない。

他の侵入者がわざわざ消したのだろうと友人が言う。

「あいつらの中には常に溶剤でラリッているのも居るから、消す手段に事欠かない」

皆でまた笑った。そして再び落書きを行った。

今度は下手くそなキャラクターイラストだ。

口の横から吹き出しを伸ばし、小学生が書くような馬鹿な台詞を残した。

二週間ほどしてまた廃墟へ行けば、再び落書きは無くなっている。

「なんか、ムカつく」

馬鹿馬鹿しいことだと知りつつ、皆ムキになった。
消す気にならないものにしようと相談し合う。
結果、落書きはこのようなものとなった。
〈怨念〉
〈呪〉
〈ここで惨殺された〉
〈ノコギリと包丁でバラバラ〉
〈血塗《ちまみ》れお風呂〉
〈いたいいたいいたいいたいいたいいたいいたいい〉
〈たすけてたすけてたすけてたすけてたすけてたす〉
細かい部分は違うと思うが、おおむねこのような脅し文句である。
加えてタイルの目地に沿って、曰くありげな黒い線を延々と引く。
トドメとばかりに他と筆跡を変えて書いた。
〈消したら祟られる。私たちは祟られた〉
偽装した日付まで添えて、心霊廃墟スポットらしさを強調する。
「ここは簡単に落ちないはず」

友人が黒く染められた目地を指でなぞった。指先には何も付かず、完全に乾燥しているのを確かめた。

数日後、落書きの確認の為に友人達と廃墟へ足を向けた。

消せなかっただろう。それよりも新たなスポットの伝説になったのではないかとほくそ笑みながらの訪問だった。

が、皆の目が点になる。落書きは綺麗に無くなっていた。

タイルの目地内部にもインクのシミひとつ無い。

「ギョーシャでも雇ったん?」

「こんな糞廃墟にギョーシャなんか頼まねーべ」

では、一体誰の仕業なのか。

他の廃墟マニアか何かが現状維持するぞと必死に綺麗にしているのか。

分からないが、もしそうならその執着が気持ち悪く感じる。

全員が「キモイ」の大合唱になった。

そして思い思いに浴室の壁や浴槽を蹴りまくる。

破壊してやろうとしたのだ。だがしかし、女子の力だからなのか傷ひとつ付かない。

あまりに丈夫すぎてこちらの足が痛くなるほどだ。

だが、途中でタイルの何枚かが落ちた。

そこに指を引っかけると面白いように剝がれていく。

全員で壁の一面、その三分の一ほどタイルを落とした辺りで飽きた。

あとはそのままにして、廃墟を出る。

どうしてなのか口々に「ざまあみろ」「馬鹿」「阿呆」「糞」などの罵《のの》る言葉を言いながらの帰宅だった。


が――その夜、古川さんに友人からSNS経由で連絡が入った。

大好きな先輩から貰った携帯のストラップが無くなったらしい。

何度も見せられていたから覚えている。可愛いデザインのものだ。

『どうしよー　きらわれちゃうかも』

古川さんはふと思いついた。

『いつから　ない？』

友人に記憶を確かめさせた。

最後に存在を見たのが廃墟の裏付近で、そこから出て途中のコンビニで皆と別れた。その直後、ストラップがないのに気付いている。

コンビニ辺りまで引き返しながら探したが、どうしても見つからない。

『もしかしたら　廃墟かもと思ったけど　ひとりじゃ怖い』

あとはそこしか考えられないと友人は言う。

だとしても時間が時間だから、今から探しには行けない。

『明日また　みんなでいこう　みんなで探せば見つかるやろ』

部活が終わってからならまだ明るい。そのとき集中して捜索すれば大丈夫だと安心させて、他の人間にも連絡を回した。皆、すぐに了承してくれた。

翌日、いつも乗り越えている壁辺りから調べていくがストラップは見つからない。

友人は目を皿のようにして探している。

あとは中だろう。廃墟内部に入り、いつものルートを辿った。

ストラップは影も形もなかった。

「風呂んとこかな」

そこしかなさそうだとあの浴室に入った。

瞬間、皆、絶句する。

タイルの剥がれた壁がない。いや、それどころではない。

薄青いタイルも、樹脂製の浴槽も完全に姿を消している。

代わりとばかりにクリーム色の壁とブラウンの浴槽がそこにあった。

加えて蛇口は現代的なデザインとなっている。

どう見てもただのシステムバスだろうか。ただしそれらは薄汚れ、一部は破壊されていた。

皆、顔を見合わせる。

あんなにきっちり嵌められたタイルや浴槽が一日で変えられるものか。

いや。廃墟の風呂を改装する意味がそこにあるのか。

それ以前に、目の前にある浴槽などは新品ではない。前からこうだったのか。

「他に、お風呂場あるんじゃね?」

今居る浴室とは別に、タイルの風呂場があるはずだと家の中を探す。

ところが一階も二階も浴室はここしかなかった。

全員水を浴びせられたようになり、ストラップのことも忘れ、逃げ出した。

以来、その廃墟には二度と行かなくなった。

話題にすることも憚られ、誰も口にしなくなる。

そして半年後の冬、廃墟は不審火で焼け落ち、その姿を消した。

仕事にならない

ほんの五年ほど前のことだ。
林君は実家のツテで山仕事のバイトに就くことが出来た。
やはりというべきか、平地での仕事と違う点も多い。
辛いこともあったが、慣れてくるにつれ楽しくなってきたことが幸いだった。
ある雲ひとつない晴れの日、林君はいつものように先輩たちと山へ入る。
細心の注意を払い仕事を進めた。
あっという間に昼の時間になる。食事を摂り、それぞれが自分のスタイルで休憩した。
林君も木の根元へ座りこむ。
日差しを避けた木陰とはいえ、太陽が眩しい。顔にタオルを掛け、幹に寄りかかる。
そのとき、不用意に置いた手に何かが触れた。
草や葉っぱ、根の感触ではない。
身を起こし、タオルを取りつつそちらへ目をやった。

幅広の濃いブルーのヒモがある。いや、バッグの取っ手だろうか。

少し身体の角度を変えると、そこにスクールバッグがあった。

青い、ポリエステル繊維で作られたものである。

（……さっきまでこんなものはなかったはずだが）

仕事柄、周囲の異物や異変に関しては注意をしている。もしそれらが原因となり、何かトラブルが起きれば死活問題になるからだ。少しの見落としで死んだ人も居ると聞く。

膝を突いたままバッグを引っ張り寄せた。

重い。何かが入っている。

校章のようなマークも何もない。ただキーホルダーが取っ手に付いていた。

樹脂製のそれはかなり昔に流行《はや》ったキャラクターのものだ。

考えてみれば、バッグそのものも少し古いデザインに思えた。

もう一度確かめてみたが、不自然なほど汚れていなかった。

まるでたった今そこに置かれたような感じだ。

後ろを振り返れば、先輩たちは何も気付かず休んでいる。

（中、見てみるか）

林君はそっとファスナーを開けた。

高校の教科書とペンケース、他、プリントなどがあった。

やはり学生の持ち物なのだろう。

しかし、何故こんな所にこんな物があるのか。ここまで来るのは自分たちのような仕事に従事している人間くらいのものだ。

訝しみながら中身を見詰める。ふと、そこになんらかの違和感があった。いや、古臭さを感じたというのか。

物としては真新しく思える。しかし全体的に過去に売っていた物の雰囲気が漂う。

懐かしのアイテムといった風情と言えば分かるだろうか。

しかし現在、何故こんな物がと首を傾げる他ない。

「林、何それ？」

急に背後から声を掛けられ、少し驚きながら振り返る。自分より十歳上の先輩が訝しげな顔で立っていた。

バッグを見せながら包み隠さず教える。

先輩が少し驚いた顔を浮かべた。キーホルダーやバッグの中身は自分たちが学生の頃に流行ったものだと教えてくれる。

しかし余りに新品に近いので、コレクションアイテムかも知れないなと笑った。

そして、いつもの口調でポツリと漏らした。

「もしかしたら、午後から、仕事にならないかもな」

どういうことなのか訊ねた。

先輩は事も無げに教えてくれた。

「死にに来るヤツ、いるんだよォー」

曰く。

自ら死のうとするヤツは考えられないほど行動力がある。

死後、人の目に付かないようにと山奥へ入ってくるのだ。ただし、死んだ後見つけて欲しいヤツは浅い場所で死ぬ。

そしてこのバッグのような物がある場合、それなりの確率でその近くに死体が見つかる。

思い入れのある品物や身の回りの物を入れた荷物を抱えてきて、死に場所の傍にそれを置くからである。

死体の状態は様々だ。

首吊り。薬品。飲酒による凍死。他諸々。

どれも時期や野生動物によって傷みが激しいことが多い。

加えて、探すと遺書があることもままある。近年は携帯やスマホなどを遺書代わりに傍に置いてあるパターンも増えた。

「死体と荷物、遺書などを見つければどちらにせよ通報などで手間が掛かる」

ホント仕事にならないよォと、先輩はげんなりした顔だ。

林君は更に質問してみる。

「でも、自殺ばっかりですか？　他殺とかないんですか？」

「あんまりないいんじゃないの？」

他殺体などは、埋められたりしているから、なかなか出てこないと言う。

稀に野生動物や山に棄てられた犬などが掘り返して発覚することもあるが、それは素人がやったときが殆どだ。玄人だとユンボ（穴などを掘るための建設機械）などでかなり深く埋めてしまうから動物も掘り返せない。だからバレることも少ない、らしい。

「特に殺した人の持ち山……他人が入れないような山だと、ほぼ発覚しないね」

先輩の真顔に、林君は少し引いてしまう。

それを知ってか知らずか、先輩は他の人たちを起こした。

「林がアレ、見つけたンで、ちょっと探しましょうや」

全員が午後は仕事にならないとげんなりした声を上げる。

リーダー核の先輩がキビキビと指示を出し始めた。

何人かが荷物からスマートフォンを取り出した。何かあればお互いに知らせるらしい。

三人ひとチームで三つに分けられ、それぞれが別の方向へ散っていく。

いたたまれない気持ちになったものの、林君は何をどうしていいのか分からない。

ある先輩から「こっちへ来い。兎に角、仏さんがいるはずだから、探せ」と指示された。

前の人の背中にくっつくようにして、木々の間へ分け入った。

少し歩くと、誰かが声を出した。

指を差す方向に、何かがある。

服だった。

低く伸びた木の枝に、木製ハンガーで掛かっている。

古くさいデザインのTシャツで、サイズが大きい。

触るな、現場を維持だと言われたので指一本触れなかった。

その先にまたピンチ付きのハンガーがあった。今度はスカートだった。チェック柄だ。

少し進むと今度はベージュの作業服の上着が風に靡《なび》いている。

(これは一体どういうことだ)

男女物の服が次々見つかっている。どう判断すべきかはっきりしない。

単純に男女ふたりの遺体があることなのか。それとも女装趣味の男だったのか。

先輩たちの顔を伺った。心なしか皆、表情が硬かったように思う。
やはり何か訝《いぶか》しんでいるようだ。
途中で別チームの先輩と連絡を取り合う。遺体は同じく見つかっていないらしい。
が、服があるのはこちらだけのようだった。
更に先に進んだとき、視界の上の方で何かが動いた。
まさか首吊りか。ぎょっとしながら視線を真上にやれば、また服があった。
長袖のシャツらしい。が、あまりに高い位置の枝にあるので細部まで見られない。
青空をバックに、薄いピンクのシャツであるくらいしか判別が付かなかった。
あー、どうやってあそこに掛かったのか。誰かがそんなことを口走ったときだった。
服がストンと落下した。
何処にも引っかからず、また、風に流されることもなく、自分たちの足下に落ちる。
やはり木製ハンガーだ。
くちゃくちゃになった服は女性物のブラウスのようだった。
触るのも厭で、そのまま放っておいた。
どれくらい捜索していただろうか。
連絡が入った。遺体は出ていないが、戻ってこいという指示だ。

引き返せば殆どの人たちが帰ってきていたが、どこか異様な空気に包まれている。

「これ見ろよ」

ひとりの先輩がスマートフォンをこちらに向けた。

覗き込んだ全員が言葉を失った。何と例えればいいのだろう。

太い木の幹が中央にあり、またその真ん中に人形が固定されている。

人形は白っぽい布で出来ているように見えた。木綿だろうか。

中に綿か何かが詰められたように膨らんでいる。

全体的に手芸で作ったような、手作りの雑さがあった。

また他に装飾物は見当たらない。顔や服のようなものを表す記号すらなかった。

ただし、人形の姿が異様だった。

腰から上、上半身が二つ生えていた。

向かって右は左より少し小さい。頭もひと回り小ぶりだ。

腕は二本ずつ、左右にピンと伸びるように付いている。だが、何故か内側――隣の胴体に面した側――の腕はむやみに細く短い。

そして、それぞれの胸の中央部に一本ずつ五寸釘が打たれていた。

雰囲気的には、打ち付けられた藁人形、か。

もう一枚の画像が開かれた。比較用か、誰かの平手が人形の横に写っている。
比べると人形全体の大きさは大人の男の掌大であろうか。
「なんか、厭なもんだよな、これ」
撮影した先輩は流石に触れたり取ってきたりは出来なかったと苦笑いを浮かべていた。
遺体が出なかったことで午後からも仕事はした。
やはり人形と服のことは全員が口に出すのを避けていた。
戻る時間になってやっとリーダーが「あのバッグだけ持って降りる」と言った。
山から下った後、交番に持ち込み事情を説明するようだった。
翌日も同じ現場に入ったが、腑に落ちないことがあった。
あの人形と放置しておいた服がなくなっていたのだ。
誰も触っていないから、どういうことなのか分からない。
勘違いや幻覚ということは決してないだろう。
写真という証拠もあったし、あの人形があった木には釘穴すらあるのだ。
不穏な空気の中、リーダーが強く言った。

何でもない。山に居ればこんなこともあるのだ、気にしたら負けだ。

おかしなものを見つけた、翌日なくなった程度の話だ、と。

「警察でも遺体を見つけたらまた連絡してくれ、程度だった」

リーダーは一連のことを笑い話として処理してしまったようだった。


それから一年ほどして林君は山のバイトを辞めた。

何があったと言うこともなく、ただなんとなくだった。

それから時間が経ち、当時の先輩から連絡が来たことがある。

『○○さんと□□さんが、亡くなった』
○○さんはあの人形の比較用で写された手の主だ。
□□さんは人形の写真を撮影した人物である。
先輩が言うには、山の仕事の際、不慮の事故で立て続けに命を落としたらしい。

ふたりとも〈双子が生まれた直後〉だったようだ。

また、当時あの現場に居た若い人間達の中で、男女の双子が生まれた家が多いという。

電話の向こうで先輩は少し笑いながら呟いた。

『俺の家も双子だった。男女の』

ただし、どこの家庭も子供たちになんらかの疾患があった。
かなり手が掛かり、夫婦共に仕事にならないこともあると弱音を吐く。
だから今は山を下り、平地の仕事へ転職した者もそれなりに居た。
先輩もそうだった。
更に彼は林君にこんなことを話す。
『あの、人形のせいじゃないと、思い込みたいところだが』
どう返答すればいいのか分からない。
おろおろしたまま無言でいると先輩は自嘲気味にこんな言葉を投げかけてきた。
――林。お前ンとこは双子が生まれないといいな。
林君はあと少ししたら結婚するという。
子供を作らなくてもよいと言ってくれた女性を選んだ。
ただ、相手はその本当の理由を知らない。この先一生、教えるつもりもない。

精算

仲村さんは通っていた洋食店のオーナーと知り合いになった。

徐々に馴染《なじ》みになっていき、いつしかプライベートでも付き合うようになったのである。

店主の年齢は五十代後半で、仲村さんの十歳ほど上だ。

彼は恰幅がよく、まさに下町のシェフといった風貌なのだが、自ら腕を振るっているわけではない。別の料理人を雇っていた。

その人が「自分の理想の味を出せるシェフだったから」と言っていたが、確かに出てくる料理は味が良く、どこかオーナーの人柄を偲ばせるなと思っていた。


ある晩秋の夜だった。

中村さんは、店がはねた（終了した）オーナーを軽く飲もうと誘った。

趣味の良い和食の店である。

仲村さんは日本酒を頼んだ。オーナーはいつもと同じく冷たい烏龍茶だった。彼は酒を呑まなかった。

会話をしながら料理を楽しむが、何か店主の様子がおかしい。

ふさぎ込んでいるのと言うのだろうか。

普通なら出てくる料理を次から次へと平らげていく健啖家の癖に、今日は余り箸を付けない。烏龍茶をちびちび舐めているだけだ。

「どうしたの？　いつもと違うじゃない」

そんな風に水を向けると、彼は苦笑いを浮かべた。

「実はあと少しで店を閉めるからさ」

驚いた。どういう経緯か訊ねても、言葉をはぐらかす。

その場では話してくれそうな雰囲気ではなかったので、河岸を変えた。

そこで漸《ようや》く、理由を答えてくれた。

「病気で、店をやれなくなりそうだから」

オーナーは癌《がん》を患っていた。

青天の霹靂《へきれき》というのか。確かに最近少し痩せてきたなと思ったが、胴回りが太いままだったから全く想像もしていなかった。

店を料理人たちに任せて治療に専念し、落ち着いたら戻ってくるのはどうか。そんな提案をするが、店主は首を振る。

そして「アンタと見込んで話すが」と前置きして、こんな言葉を吐いた。

――これは精算だと思う。

精算とはどういう意味か。問い詰めるとポツリポツリと吐き出し始めた。


オーナーは過去、暴力団の構成員だった。

学生の頃からグレており、そのまま裏社会に足を踏み込んだ……という有り体な話だ。

同時期似たような連中が数人同じ道に入ったが、結局長くその世界に留まったのはオーナーとひとりだけである。

しかし、四十の声を聞いた頃に足を洗い〈カタギ〉になったという。

理由は話す価値もない「つまらないこと」だった。

その後、飲食店を居抜きで買い取り、洋食店を始めた。

本職時代に貯めたから、金だけは腐るほどあったのだ。

料理人を雇ったのは、自分で調理師免許が取れなかったからに過ぎない。

洋食にしたのも買い取った店の周囲に競合店がなかったからだった。

狙いは当たり、それなりに繁盛した。最近は支店を増やそうとすら考えていたらしい。

だが、そんな矢先、オーナーに異変が起こり始めた。
自宅で寝ていると〈オバケ〉が出るというのだ。
毎日、違う〈オバケ〉がひとりずつやって来る。
どの顔も知っている。自分が過去、若い頃から不幸にしてきた人間達だ。
当時は相手をゴミ屑程度の扱いをしていたから、覚えているわけはない。
しかし、どうしたことか〈思い出せる〉し、誰なのか〈分かる〉。
ああ、コイツは俺が盗んだ相手だ。
ああ、コイツは俺が騙した老人だ。
ああ、コイツは俺がこうしてやった男だ。
ああ、コイツは俺がこうしてやった女だ。
ああ、コイツは俺がこうしてやったから、煽りを受けて不幸になった……。
過去の記憶が何故か鮮明に頭の中へ蘇る。理屈は自分でも理解できない。
ただ、どうしても分からないのは連中が全員満面の笑みだったことか。
どうしてお前らは笑っているのだと問いかけても答えはない。
怒鳴りつけても、暴れても、何も動じない。夜中に出て来て、朝日が昇る頃消える。
隣に寝ている内縁の妻も〈オバケ〉が見えているらしく、出て行ってしまった。

今は他の男と住んでいるらしい。

妻が出て行ってから食欲がなくなり始め、気になったので病院へ行った。

癌だと診断された。

その日を境に〈オバケ〉は笑わなくなった。

代わりに、哀れむような顔で合掌するように変わった。

当たり散らすように暴れてみるが、相手にはなんのダメージも入らない。

いつも自分だけが疲れ果てて倒れる。

あるとき、はっと気付いた。

ああ、病気は、癌はこのせいか。不幸にした人間からの報いか。そうか、そうか。

そして、それは俺の過去の清算だ、と。


オーナーの吐露は続く。

考えてみれば、自分が長い年月ああいう世界に身を置いて過ごしていたからこそ、とんでもない人数の人間を不幸にしていたことだろう。

だから〈オバケ〉たちはあれだけ毎日毎日出ても、同じ奴が出てこない。

もちろん自分が直接手を下していない相手もいるはずだ。

それでもさっき言ったように因果関係は頭に浮かぶ。
不思議なことだが、それは連中の訴えだからに違いない。
「だから、自分はここらが幕の引き時なのだと悟った」
癌の治療をしても、きっと死ぬことは決まっているのだとオーナーは断言した。
様々な事を含めて、全て受け入れている表情だ。
仲村さんは掛ける声が出なかった。いろいろ考えて、漸《ようや》くこんなことだけが言えた。
「そんなことを考えたらよくないのでは？　もしかしたら回復できるかもしれないし」
オーナーは真顔でキッパリ返してきた。
「それはない」
彼が知っている。
自分と同じくカタギになった暴力団員はかなりの確率で不幸になっている。
しかしそれは表社会に復帰してすぐという訳ではない。
足を洗った当初は様々な幸運が舞い込むことが多い。
調子に乗ってこの世の春を謳歌するが、歳を追うにつれ、不運が舞い込むのだ。
例えば、金銭的なトラブル。
例えば、身体的なトラブル。

例えば、精神的なトラブル。

例えば、人的なトラブル。

結果、なんらかの報いを受け、過去の清算をしている。自分たちの罪の精算。自分たちの身勝手で得た享楽の精算。つじつま合わせの精算――。

オーナーは精算という言葉を繰り返した。

仲村さんの心の中に「因果応報」の四文字が浮かんだが、敢えて黙っておいた。

とても口に出せない雰囲気だったからだ。


オーナーは三軒目に行くことなく、別れた。

仲村さんはそれから例の洋食店から足が遠のいた。

本当なら行くべきなのだろうが、どうしても気が進まなかったのだ。

相手が元暴力団員だからではない。

もし顔を見たとき、どう対応すればいいのかが分からない。励ましてもいけない気がしたし、全てをその通りだと肯定してしまうのも間違っているように思う。

仲村さんが店に行かなくなってから三ヶ月を待たずに、店名は変わった。

そして、その後は洋食店から韓国料理屋になり、潰れた。

次からは飲食店以外が何度か入ったが長続きせず、今は空き店舗である。

オーナーの安否は分からない。


オーナーに会った最後の日、仲村さんには強く印象に残っていることがある。

それはオーナーの自嘲気味の独り語りだ。

「ヤクザから足を洗って立派にカタギとしてやってます、というのは美談でもなんでもない。真っ当に生きるのは皆が当たり前にやっていることだ。俺らはそれをしてこなかった。テメエの為だけに碌《ろく》なことをしてこなかった。大体、自分たちはカタギになって人並みになったのではない。漸く、人並みのことをさせて頂けるチャンスを得ただけだ。しかし、それでも過去は消せない。本当の意味の精算なんて、出来やしない。今になって分かった。こんな過去は恥ずべきことでしかないのだ。自慢なんかしてはいけない」

概略こんな意味であった。

仲村さんは思う。

今、オーナーはどうしているのだろうか。

精算は済み、心安らかになったのだろうか、と。

遺品整理のバイト

斉藤君は一度だけ遺品整理のアルバイトをしたことがある。

「友人の親戚が遺品整理の会社をやっていて、人手が欲しいと声を掛けられました」

就活を終えた頃だったので、二つ返事で飛びついたという。

とはいえ矢張り不安があった。遺体の痕跡があったらどうしようかと思ったのだ。

友人に訊けば、単に住む者が居なくなった家の片付けらしい。

「そこで死んだ訳じゃないから大丈夫だよ、って言われました。それなら問題ないなって安心したことを覚えています」

バイト当日の早朝、迎えが来る場所で待っていると四トントラックが二台止まった。

運転手のひとりは友人の親戚で、もうひとりはその部下だった。

二台に分乗して目的地まで行く。

友人は親戚のトラックに、斉藤君が乗ったのは部下の方のトラックだった。

自己紹介しあう。部下が甲地と名乗った。

依頼された家はここから少し時間が掛かるらしい。

「そこで色々訊きましたよ。どういう相手だとか、どんな家だとか」

甲地は丁寧に教えてくれた。

依頼は山間の町にある一軒家の片付けである事。

その家には年老いた母親が住んでいたが、寝たきりになったので都会からひとり息子が呼び戻された事。

母親が亡くなった後も息子は住み続けていたが、その彼もすでにこの世にいない事。

「甲地さんが言うには、その家の遠い親戚から片付けてくれっていう依頼だったみたいです。誰も住まない家なので、荷物の整理をしたら家具も家も処分するとかなんとか」

目的地に着いた。

普通の家で、昭和の匂いがする。狭い庭にプレハブが建っていた。

甲地からツナギを渡され着替えるように言われる。

マスクや軍手をはめて、友人と指示を待った。

友人の親戚が家の玄関を開けながら、こちらを振り返った。

「俺たちが仕分けして、棄てていい物をここまで持ってくるから。それをトラックの荷台にガンガン積んでくれよ」

言われたとおりピストン輸送でトラックにゴミ袋を投げ込んでいく。

肉体労働のキツさはあるが、何も考えずにやるだけなのである意味楽だ。

午後に入って二時間ほどして、ある程度終わりが見えてきた。

「でも、そこで甲地さんが大きな声を上げました。プレハブのことを忘れていたんです」

斉藤君と友人は甲地にプレハブまで連れて行かれた。

引き戸を開けながら、甲地が指示を出す。

「このプレハブの中は全部棄てていいってことだから、棚以外は全てゴミ袋に入れて。で、ある程度数が溜まったらトラックに放り込む。宜《よろ》しく」

斉藤君と友人はプレハブ内に入って、目を丸くしてしまった。

入口側以外の壁三面に大きな棚が設えられている。

棚は四段ほどあるが、その全部に粘土細工がみっちり置かれていた。

「粘土細工と言っても、紙粘土で作られた稚拙な物が多かったですね。ほら、小学生が作るような、新聞とかトイレットペーパーの芯を中に入れて紙粘土を持ったような」

モチーフは人の顔や動物が多い。

素朴な感じが少し微笑《ほほえ》ましかったが、これだけ数があるとそうとも言っていられない。

目に付いたところからどんどんゴミ袋に入れて、トラックに運ぶ。

ある程度片付いた。後は棚と棚の間に置かれた段ボールだ。大きさは大体、ミカン箱くらいだろうか。

持ち上げようとするが、意外と重い。

引き摺るように広いところまで出したが、途中で段ボールが破けてしまった。

中から白っぽい物が転がり出す。

「それ、木材だったんです」

一つがカマボコ板くらいの大きさだ。表面の質感からバルサ材だと思った。工作などによく使われる、加工しやすい材だ。

手にとって見る。軽い。たくさん入っているとはいえ、あれだけ段ボールが重くなるものかと疑問が浮かぶ。

指先にデコボコが触れた。裏返すと彫刻が施してあった。

人の顔面らしいが、デフォルメされた怒りの表情に見えた。

しかしバルサ材であるせいか、それとも技術が低いためか、とても荒々しい。

それでも、怒りが伝わってくるのだから ある意味凄まじい表現力ではないか。

「ただ、段ボールの中全部それなんですよ」

微妙に違うが、同じような怒り顔ばかりである。

友人に見せると偏執的だと笑っていた。

「なんだか欲しくなっちゃって。それぞれ一枚ずつ貰って帰ろうか、ってなったんです」

出来るだけ良い奴を選ぼうと、友人と争うように段ボールを漁る。

一番底の方に他よりも出来の良い物が数枚あった。

まるで隠しているみたいだなと言いつつ、その中から一枚ずつポケットに入れる。

後は全部ゴミ袋へ流し込むように棄てた。

「その後仕事を終えて、トラックに乗り込みました」

帰りの車中で、プレハブの作品のことを甲地に話す。

制作者はそこの息子だよ、と彼は教えてくれた。

「なんでも、母親が亡くなった後、周辺の住民から酷い厭がらせを受けたみたいなんです。余所者だ！　って。田舎の排他性ですよね。当時、もう四十代になっている大の男がなんにも出来なかったんだから、余程辛辣だったんだな、って甲地さんは言っていました」

虐めを受けて引きこもり、やったことと言えば紙粘土細工と彫刻だったと言う。

元々プレハブは母親が物置として使っていたのを、息子が改造したようだ。

「その息子さんなんですけど、死因も甲地さんに聞いています」

息子は引きこもっていたが、それでも周辺住民の厭がらせは止まなかった。限界になった彼は真夜中に家を出て、近くの公園傍にある駐車場で焼身自殺をした。

「だから、そこで……家で死んだ訳じゃない、だったんですよ」

その話を聞いた後、斉藤君は例のバルサ材がレアものだと思った。

彼は何故か「これはヘヴィでドメスティックなネタとして面白い」と感じたのだ。

「もちろんバルサ材のことは甲地さんに黙っていました。バレたら奪われると思ったから」

トラックが朝の待ち合わせ場所に着いた。そのまま斉藤君は自宅へ帰る。

当時はワンルームのアパートに独り暮らしだった。

シャワーを浴びる前に、例のバルサ材をベッド脇にあるカラーボックスに置く。

もちろん自立はしない。横倒しだ。なんとなくつまらないので、ガムテープと空き箱で簡易スタンドを作りそこに立て掛けた。

「これで良し！　って思って、後はシャワー浴びたり、ご飯食べたり、ゲームしたりして過ごしました」

時刻が午前二時を過ぎた。

明日は何の予定もないが、流石に疲れたので眠る準備をする。

電灯を消そうと壁に近づいたとき、背後から声が聞こえた。

〈あーあ、ぁーあ、ぁーあ、ぁーあ〉

ため息のような、歌うような声は、男性のものに聞こえた。

外を酔っ払いが歩いているのだろうか。その割にはとても近い所から聞こえる。

それも、後ろからだ。もちろん、テレビは消えている。

恐る恐る振り返る。

何も居ない。あるのはベッドとカラーボックスくらいだ。

が、その上に飾ったバルサ材から黒い煙が上がっている。

火が着いているのか。しかし火種は見えない。

それに煙も上る途中で途切れるように消えている。斉藤君は呆然とした。

悪臭が部屋に充満していた。

例えるなら、肉や甲殻類を焼く匂いに、髪の毛や爪を燃やしたときの臭いを足したような。

〈ぁーあ、ぁーあ、ぁーあ、ぁーあ……あ〉

一際大きく声が聞こえた途端、煙が消えた。

そして、手も触れていないのにバルサ材が揺れ、横に飛んだ。

そのままベッドの上に落ちていく。

物理法則を無視したようなその動きに、斉藤君はパニックに陥った。

「これはヤバい、かなり拙《まず》いと、勢いでバルサを掴みあげました」

人肌のような温かさがあった。

気持ち悪さが極まるが、そのまま適当なレジ袋に放り込むと外へ飛び出す。

「アパートの下に駆け下りて、最初に目に付いたのが違法駐車している車だったんです」

少しヤンチャな人が好みそうな、黒いトールワゴンだ。

誰も乗っていない。お誂え向きに後部座席側の窓が少し開いていた。

そこにレジ袋ごと差し込み、バルサ材はこの車の人に任せてしまった。

そのまま部屋に戻り、後のことを考えずに塩を撒く。

窓を開けて空気も入れ換え、漸く落ち着いた。

座り込んだとき、携帯に着信ランプに気付く。

「見ると、一緒にバルサ材を持って帰った友人からでした」

着信時間は午前二時を回った辺り。丁度あの声と煙があった頃だ。

今は午前三時過ぎである。掛け直すが悩んでいると、また友人から掛かってきた。

『おお、お前大丈』『俺』『ルサ』『やべ』

音声が途切れ途切れになった。

その合間にあの〈ぁーあ、ぁーあ、ぁーあ、ぁーあ〉の声が入る。

切った。そしてメールを打った。バルサ材は棄てろ。部屋に塩を撒け。空気を入れ換えろ。その後、どうなったか連絡しろ、と。

「それから一時間以上して友人から電話が掛かってきました。話を聞くと、ほぼ僕と同じ体験をしていたみたいです」

友人はバルサを少し離れた川に橋から投げ込んで流したと言う。

自転車で移動する最中、ずっと後ろから〈ぁーあ、ぁーあ、ぁーあ、ぁーあ〉が追いかけてきて生きた心地がしなかったらしい。

「その後はなんにもありませんでしたね」

しかし、と斉藤君は眉を顰《ひそ》める。

「僕らがバルサ材を棄てた日、翌日のニュースに気になる物があったんです」

ひとつは、数名を巻き込んだ自動車事故が近隣で起こった。

その中に、黒いトールワゴンがあった。

また、友人がバルサ材を流した川の下流で割合大きな火事が起こっていた。

「もちろん、僕らのバルサ材が関係あると明言は出来ません。でも、もうひとつあって」

友人の親戚がやっている遺品整理会社でボヤが起こった。

トラックの荷台に載せていたゴミに付け火されたようなのだ。

燃えたのは、あのプレハブの荷物がメインで集められていた方のトラックだった。

「翌日棄てる予定だったみたいなんです。業者の関係で。やはり原因はバルサ材ですかね」

でも、と斉藤君はポツリと漏らした。

僕らじゃなくて、自分を虐めていた近隣住民に仕返しすればいいのに。

俺は悪くない

桜井君は飲食店に勤めている。

二十八歳の彼は黒を主体とした少し派手な服装と明るい茶髪をしている。どこか気怠《けだる》い雰囲気を漂わせながら喋る癖があった。

「十代ンときに家を出て、今もそのまま戻っていないンすよ」

家出のきっかけはなんだったのだろう。

「俺、祖父《じい》さん殺してるらしいンですよ。それで」

高校を卒業して、予備校に通っていた時期だ。

日曜日、認知症の入った父方の祖父の世話を任された。

すでに手足が萎えた寝たきりで、徘徊等の心配は無い状態である。

当時、パソコンでプレイするネットワークゲームにハマっていた彼は、数時間祖父から目を離した。

「どうせね、動けないんだし、大丈夫やんかって思ってたンすわ」

しかし、祖父は吐瀉物が喉に引っかかり、窒息死してしまった。

発見したのは帰宅した母親で、ドラマみたいな悲鳴を上げたことを覚えている。

「普通やったら、苦しい、ヤベェな、つって自分で吐くと思うンですよね。ジジイ、それすら出来ねぇって、どんだけ衰えているンやと」

だから彼は祖父を殺したと思っていない。だから「殺してるらしいン」だと嘯《うそぶ》く。

祖父の死後、彼は父親から頭の形が変わるほど殴られた。ついでに肋骨も折られた。

当然入院となったが、退院後から半年を待たずに家を出たと言う。

「あの糞（親父）を訴えればケーサツに捕まってたと思うンですけどねぇ。母親が泣くから、しゃーねーな、って。だから俺、医者にはテメエで転んだとか言って」

まあバレバレでしたけどねと桜井君はゲラゲラ笑う。

しかしそのときの怪我以来、視力が極端に落ちた。

左目は辛うじてコンマ五くらいだが、効き目である右目はそれ以下だ。コンマゼロゼロ……の世界である。

コンタクトで誤魔化すものの、やはり不自由なときがある。

レーシックを施術して貰おうとしたら、今度は角膜の都合で不可能だと断られた。

「糞（親父）のせいで視力が落ちたとか言えねぇっすけど、やっぱり、なんか関係あるとしたらガチムカつきますよね。まあ家出る前に眼科の受診とか金出させましたけど」

そしてもうひとつ、視力が悪いことで彼には悩みが出来た。

「寝る直前、コンタクトとかしてねぇときにですね、妙なのが見えるンすわぁ」

桜井君曰く「おかしなモン」が目の前に現れると言う。

それはすでにこの世に居るはずのない女だ。

名前をミカコと言う。

家を出てから知り合った女で、十五歳上の不美人である。

住むところが無いと訴えれば、自分の部屋に来いと誘ってきた。言葉に甘えてそこを根城にした。女は毎日小遣いをくれたし、仕事をしろと言うこともない。

ミカコは精神的に不安定だったが、自分のために散々貢いでくれた。

昼間は売り子で、夜は水商売で稼ぐ。

毎日の小遣いが少ないと桜井君が文句を言えば、ミカコは夜の仕事をもっと高給取りなものへと変え、長時間働いた。

「そーなると俺が働くなんて馬鹿臭ぇじゃねすか？　だから延々と甘えて遊び暮らしてたんですよ。当然新しい友達の女とか出来るンすけどね。それが失敗だった」

ミカコは嫉妬に狂い、桜井君を拘束し始めた。

そうなってくると鬱陶《うっとう》しいことこの上ない。

丁度新しい知り合いから飲食店勤めの誘いも受けていたから、家を出てミカコを切った。

その後、ミカコは彼のストーカーとなった。

目の前で手首を切るパフォーマンスをしたり、小瓶の液体を飲んで吐き出すことも
あった。知らない内に腕の見える所に桜井君の下の名前のタトゥーも入れていた。

余りに頭にきたので、飲食店関係の人間にミカコを「酷い目に遭わせて」貰った。

その後、ミカコは死んだ。

桜井君が当時住んでいたアパートの部屋で首を吊ったのだ。

仕事から戻ってきて、部屋に入ったらドアノブで縊死をしていたのである。

何かの手段で合い鍵を作っていた。

死に顔は穏やかなものだった。いつも見ていた顔より、不美人では無いかも知れない。

が、厭なものを見せられた、気持ち悪いという気持ちの方がどんな感情よりも強かった。

警察を呼んだが、その後延々と同じことを聞かれて閉口したことを覚えている。

ミカコに身寄りがあったかどうかも知らないし、もとより知るつもりもなかった。

あとは警察に任せて、他の所へ移り住んだ。

それから何年も過ぎてからのこと。どうしたことか、コンタクトを外したときにミカコ
が現れるようになった。

身体は普通だが、顔だけがあの死に顔のままだ。

穏やかな、何の表情も無い、死人の顔。

ただそこに居て、佇むのみだから何も起こらない。朝になると消えていく。ジワジワと、溶けていくようだった。

どうしたことか、コンタクトが無くてもミカコだけがハッキリ見えた。他はぼやけたままだったのに。

「コンタクトを外しても毎回ではなく、出るのは何週間かに一度程度くらいっすね」

時間帯は真夜中だが、彼女や女性が泊まったときに出たことは無い。

とは言え、何度見ても厭な気持ちになることは変わりなかった。

「ホントに、ミカコの奴は最後まで迷惑を掛けるだけじゃなくて、死んでからも糞みてぇなことをしやがるンすわぁ。死んだ顔も思い出してしまったし」

忘れてたのに、あんなタイミングで、怖かねぇけど、ムカつくと彼は今にも怒鳴り出しそうな表情だった。

……という話を聞いて一年後。

桜井君から連絡があった。

相談したいことがあるという。出向いてみれば、彼の様子は随分変わっていた。服はパリッとしているが、顔の肉が削げ、不健康な肌の色になっている。

「最近、酷いンすよ」

コンタクトや眼鏡の有る無し関係なく、ミカコが出るらしい。

そればかりか、最近は父方の祖父も姿を見せることがあった。

自分だけにしか見えないと思っていたが、ある日部屋に連れ込んだ女性が目撃して、そのまま逃げられたことがある。

「それに、最近、女共から俺、ジジイみてぇな臭いがするとか、ゲロ臭ぇとか言われるンですわぁ。マジ気をつけてるんですけどぉ」

その上、眠っても息苦しくて起きることが増えた。

一緒に寝た女曰く、そんなときは「呼吸をしてなかった」らしい。

「俺、取り憑かれてるンすかね？ 殺されるンすかね？ アンタこういうの詳しいんでしょ？ どーすれば良いか教えて下さいよ」

お寺へ行くことと、死者を悼む気持ちと供養について進言したが余り伝わらなかった。

「俺は悪くないのに。俺は悪くないのに」

別れる間際まで彼は同じことを繰り返した。

最近、桜井君に連絡したが、彼はまだ生きてると言う。

ただし、飲食店は辞め、年上の女性と暮らしている。

『最近、病院通いしていて。あの話書いて下さいよ。書いて貰ったらきっと俺の身体も良くなる気がするンす』

何故そう思うのか訊いてみたが、彼は最後まで答えてくれなかった。

小体な料理屋

某地方都市から少し海寄りの街。

そこに小体《こてい》な料理屋があった。

鉄筋二階建て。一階はカウンター席とテーブル席。二階は宴会場になっている。

ざっかけない料理がそれなりの人気を博しており、また店主の温かい人柄もあって、商いは上々だった。

ところがある時期を境に客足が遠のき始めた。

味が落ちた、価格が大幅に上がった、或いは食中毒などが原因なら分かる。

だが実際の理由は全く違う。

〈出る〉からだった。

いや、正しくは出るという話も眉唾物でしかない。

しかし悪評というものはすぐ広まる。

事情を知る常連が多少残ったものの、普通の客は敬遠し始めた。

代わりに一見の物好きがやって来てはろくに注文もせず、長居する。

はてはこの店に関する〈出る〉噂を声高に、同席した人間達と話し合うのだ。

あまつさえ店の主人などに内容を確かめつつ、店内をデジタルカメラやスマートフォン、携帯で撮影まで始める。もちろん他の客を含めて撮る。

こういう客が増えると常連も居心地が悪くなり、足が向かなくなった。

それから間もなくして野次馬達も半年待たずにやって来なくなった。

失った客は戻ってくることはなく、店は潰れた。

店主は何処《どこ》とも知れず姿を消し、消息を知る者は居ない。


――という話を教えて下さったのは登坂さんである。

彼は数年前までその〈小体な料理屋〉があった近所に住んでいた。

当時勤めていた会社の関係でそこの店主と面識があったようだ。

お陰で内部事情をいろいろ聞き及んでいると、当時の詳細を振り返ってくれた。

そもそも〈出る〉噂とはどのような内容だったのか。

物見遊山の客から幾つか聞いたと店主が教えてくれた。

〈二階の宴会場に女が出る〉
〈白い服で長い髪をしている〉
〈座布団などを入れておく押し入れから女が四つん這いで出てくる〉
〈長い髪の女。眼球がなく、血塗《ちまみ》れでガクガクと歩く〉
〈宴会をしているといつの間にかひとり女が増えている〉
〈ここで物を食べると呪われる〉
〈ここの食べ物を口にして飲み込んだら祟られる〉
など、よくあるものでしかない。
どれも日本のホラー映画などの影響を感じさせるようなビジュアルイメージばかりだ。
ここに適当なバックボーンが付け足されていき、悪い噂へ変貌したようだった。
なんにせよ、質の悪い噂であった。

結果、店は潰れた。
店舗の売却が決まり、後処理が終わった頃だったか。
冬が近づく街で、登坂さんはこの店主とばったり会った。
聞けば近々この土地を出て行くらしい。

なんとなく店主に憐れみを感じてしまう。

「ならお酒でも呑みませんか。常連さんたちと送別会をしますよ」

店主は涙ぐみながら喜んだ。

そして数日後にその酒宴は開かれた。

常連数名と始めたが、次第に人が減り、最後は店主と彼だけになった。主催者だったから帰るに帰れなかったとも言える。

店主は何度も礼を繰り返していたが、次第に酒に呑まれてきた。

今回のことについて愚痴《ぐち》を言い始める。

次第に口調が荒くなってきた。温厚な店主らしからぬ罵詈雑言《ばりぞうごん》だ。

全て吐き出させようと聞き役に徹していたうちに、ふと店主が我に返って謝った。

話題を変えようと何かを話していると、店舗売却のことになる。

最初は居抜きで売ろうとした。が難しくなった。

あんな噂が出ているのだから、飲食店として買ったり借りるものはほぼ居ない。

ならばと厨房施設を別に売り、建家は二束三文で手放した。

「何十年も努力して持った店だったから悲しい」

店主はそんなことを言って泣いた。

最後の店を出て、帰ろうとしたら店主が家に来いという。
ここまで来たら最後まで付き合ってやろうと覚悟を決めた。
店主の自宅は繁華街からほど近い小さなマンションであった。
入ればカーテンがない。荷造りも済んでおり、段ボールだらけだ。
他に誰も居ない。
考えてみれば、店主の奥さんについて聞いたことがない。
奥さんやお子さんはと訊ねてみれば彼は生涯独身と言う。
店に居た女性が奥さんだと思っていたが、ただ雇っているだけの人間だった。
ふと段ボールのひとつに目が行った。
小さな位牌のような物があった。
白木であるが、新しくはない。しかも何も書いていない。
一体誰の物だろうか。
こちらの訝しげな目を察したのか、店主はその位牌らしき物を隣の部屋へ持って行く。
戻ってからエアコンの暖房を入れてくれた。
そして部屋に残っていたウイスキーを生のままふたりで呑む。

暖かさとアルコールのせいで登坂さんは眠ってしまった。


ふ、と目が覚めた。

喉の渇きもあったが、それよりも何かの気配を感じたからだった。

仰向けの状態で見回す。室内は薄明るくなっていた。

起き上がろうとしたとき、自分のすぐ右側に人の姿を見つけて驚いた。

店主が片方を立て膝にして、じっちこちらを見詰めている。

薄く微笑んでいた。

驚いた、何をしているのか、そんなことを問いただす。

「嬉しかった。家まで来てくれて。あなたは優しい人だ」

このような言葉で答える。

気付くと、その膝の上にあの白木の位牌があった。

店主は言う。

あなただからあたし（店主は自分のことをあたし、と呼ぶのが常だった）も包み隠さず全てを言います、と訥々《とつとつ》と語り出した。

「あたしは、若い時分に人をね、殺《あや》めているンです」

店主は位牌をこちらに突き出すように見せた。

——人を殺めてから反省をしたことはない。相手はあたしに殺されるべきだった。しかし、命を取ってからというもの延々と出て来ては無闇に煩《うるさ》い。だから自分で位牌を拵《こしら》えて、朝晩拝むようにしたら出なくなった。自己流だが効くものだ——。

(なんの話だ)

登坂さんは混乱した。まだ酔いは残っている。それに寝起きだ。頭が追いつかない。

「でも昨日の晩は拝まなかった。だから出ちゃった」

店主が指さす先は登坂さんの背後である。思わず振り返る。外の淡い光に照らされた段ボールの一角だ。何も居ない。何もない。

ただ、そこ一部分だけが暗かった。深く、目が吸い込まれそうな闇がある。目を凝らしていると何か形になりそうな気がして来た。

慌てて視線を戻すと、店主が朗《ほが》らかな声を立てて笑った。
位牌はその手になかったような気がする。どこにやったのかは知らない。
急に厭な気持ちになって、お暇すると立ち上がった。
振り返るとあの〈暗かった部分〉はすっかりなくなっている。
安堵と共に登坂さんはつい考えてしまった。
(もしかしたら、あの店、本当に出ていたんじゃないか?)
(店主が殺した相手が。女が。だからあんな噂が)
どうせこれで二度と会うことはあるまい。不躾《ぶしつけ》なことでも訊いてやろう。
店主にその疑問をぶつけてみる。
彼は驚いた顔をして、そしてまた穏やかな表情になった。
「いえ、あたしの店に女は出ませんよ。出るわけがない」

——だって、あたしが殺したの、男ですもン。

二の句が継げながった。
登坂さんは足早に玄関へ行くと、店主は見送りとついてくる。

「あたしが殺した男、登坂さんにとてもよく似ていた、イイ男でしたよ」

顔が見られない。だから表情は覚えていない。

そのままそこで別れた。

最後、名残惜しそうに店主が言った「さようなら」が印象に残っている。

それは泣きそうな声だった。


それから間もなく、登坂さんもその土地を出た。

以後、何ヶ所かを仕事の都合で点々としている。

彼は言う。

なんとなくだが、新しい土地に来るとあの〈店主〉が居そうで厭だ、と。

だから、あの〈小体な料理屋〉を思わせる店は出来るだけ避けている。

接待で使うのはきちんと下調べをして、店主の確認をした店のみである。

使えない

「マジで使えない奴でしたね」

隈戸《くまど》さんは零《こぼ》す。

彼女が担当していた取引先がある。その窓口となっていたのは椎ノ木《しいのき》という女性だった。

だがこの人物は何かと問題が多かった。

向こうからの発注は出鱈目《でたらめ》なことが多く仕事が滞る。こちらからの返信メールへの回答は必要なことを書いていないので、何度もやりとりを繰り返さねばいけなくなり、手間が掛かった。

他にも問題が多く、困る存在だったと言える。

一部から仕事が出来る女史との評価もあったが、隈戸さんから見ればケアレスミスが多い、使えない人物でしか無い。

「ホントにミスだらけでしたね。ただ、若い男性相手の仕事はきっちりとこなしてました。一体お前はなんなんだ？　って呆れましたね」

電話とメールのやりとりだけで、本人に会ったことはない。隈戸さんは、椎ノ木の会社に出入りしている人間に彼女がどんな人か訊いてみたことがある。

三十代で、中肉中背。出来る女のオーラが漂っている、らしい。

「そのとき、まだ私も二十代前半でしたからね。相手が三十代と聞いて、なんでそんな年齢で仕事がまともに出来ないの？　って思いました」

彼女は苦笑する。

その後、椎ノ木に隈戸さんが初めて会った。

会社合同で行うレクリエーションの一環である球技大会だ。

社員同士挨拶をしていると、三十代後半くらいの険の立った顔の女性が前に立つ。

ミディアムヘアは明るめのマロンカラーで、メイクもそれに合わせているがベースになる顔の造作がキツい。だからあまり似合っていない。

隈戸さんが先に頭を下げようとしたとき、女性が口を開いた。

「椎ノ木です」

頭を下げてきたので、改めて隈戸ですと挨拶を返せば、相手は少し小馬鹿にした態度に変わった。明らかではないが、端々にそれが滲んでいる。

「まあいいや、って無視していたんですけどねぇ」

一日中、椎ノ木は隈戸さんを無視し、延々と他の男性社員と和気藹々《わきあいあい》としていた。
偶にこちらにチラッと視線を流すが、厭な顔で笑ってまた他の方を向く。
なんとなく近くに居た相手の会社の女子社員に話しかけてみる。
「私、椎ノ木さんに担当をして貰って……」？
全てを言い終わる前に、相手はうんざりした顔を浮かべた。
「椎ノ木さんのこと、うちの女子社員の殆どはあんまり知らないんですよね」
これだけで椎ノ木という人間が大体分かったような気がした。

「ところが……球技大会以後から、おかしなことが起こりだしたんです」
隈戸さんは夜中に急に、眼がさめるようになった。
何故か心臓の動悸が激しい。脂汗を掻き、息も荒い。
悪夢を見ていた訳でも、何かおかしな寝方をしていた訳でも無い。
そんなことが続いて、一体どういうことだと思っていた矢先、彼女は見てしまった。
不意に起きたとき、ベッドのすぐ脇に居る女を。
一気に我に返り、大声をあげて飛び起きようとするのだが口も身体も動かない。
固まったようになりながら、それを見続けるしか無かった。

それは薄暗がりの中、ボウと浮かび上がっている。

ベッドと同じ高さに浮いているのに、横座りをしていた。

服はよく分からない。

少なくとも下は柄とプリーツ無しのロングスカートのようだった。色はモスグリーンか。

そこから飛び出した爪先には赤いペティキュアが塗られている。

髪はミディでマロンカラーに見えた。

両手で顔を隠しているが、そこが普通では無かった。

手が異様に大きい。普通の大きさの二倍はあるように思えた。

そして、関節が節くれ立っており、爪が長く伸びている。

どうしてなのか、頭の中に〈鬼女〉という言葉が浮かんだ。

と、同時に相手が椎ノ木ではないかとも思ったのは、その外見からだった。

「違うかも知れない。でも、髪の感じとか全体から滲み出る雰囲気というか、なんかそうだろうなって、確信に近かったです」

目の前に浮かぶモノに対し、怒りが湧いてくる。

何故コイツが出たのだ。何か自分に恨みでもあるのか。普段から迷惑掛けられているのに。

怒鳴りつけてやりたかったが、あいにく口が動かない。

ウンウン唸っていると、女の両手が動いた。

顔が顕《あら》わになった——はずだった。

しかしそこにはクチャクチャに皺の寄ったハンカチのような物が張り付いている。

柄も刺繍も無い。ただ木綿のハンカチーフのような四角い布があった。

女はこちらに向かって両手を伸ばしてくる。

避けられない。

手は遂に自分に届く。場所は首だ。

何かが触れているが、感触は人の肌では無い。乾燥した何か。或いは、粗い紙のような。

「わあ！」

声が出た。途端に女は消える。それこそテレビが消えるように。

暗い部屋の中、力なく起き上がる。悪寒が酷い。

明かりを点けた。もちろん何も居ない。悪夢だったのかと言うには余りにリアルだった。

喉に手を触れる。汗のせいかベタベタしている。

急に喉が痛くなってきた。外側ではない。内側だ。唾を飲み込めない。

隈戸さんはその日から四日ほど、会社を休んだ。

喉が腫れ、高熱が出たからだった。

「寝込んでいるときは何も出ませんでしたけど、治ってから何度か出ましたね。一ヶ月か二ヶ月に一度。その度に喉をやられて、熱が出るんですよ。もうなんだこれ、って」

椎ノ木ではないかと思うものの、こんなことでもちろん、本人に抗議は出来ない。

「向こうは向こうで普通に仕事のメールを送ってきますけどね。やっぱりケアレスミスの連続で。余計に腹が立つんですけど、どうしようもない」

対抗策が無く、ほとほと困っているときにテレビで神社を見た。

「ああ、そうか、神社でお祓いを受けたらどうだろうって」

善は急げで午前中半休を取り、近隣で一番大きな神社へ駆け込む。

厄払いを頼むと、すぐにやってくれた。

終わった後に御守りなどを渡されたが、神主さんがもうひとつ何かをくれた。

「これ、あんたは持って行った方が良いね。部屋に置きなさい」

清め塩だった。

早速御守りを身につけ、部屋に塩を盛っておく。

御守りは寝るときも首から提げた。正しいかどうか知らないが、やった。

効果は覿面《てきめん》だった。

女は部屋の中に出なくなった。ただ、夜になると時々、壁を外側から擦るような音がするようになった。音はグルグルと周りを回っている。丸めた紙を擦りつけるような音だったが、それを聞く度に「ああ、アイツ、中には入れなくて苛ついているな」と感じた。

喉が腫れることも、熱が出ることも一切なくなった。

女が出なくなって約三ヶ月。

その間に、椎ノ木は会社を辞めたらしい。

聞くところによれば、彼女は連日ボンヤリすることが多く、遂にとりかえせないミスをした。そのせいで会社に少なからずダメージも与えてしまったようだ。

椎ノ木が居なくなったと同時に、外壁を擦る音も止んだ。

「辞めた後のことは知りませんよ。どっかで暮らしているんじゃないですか？」

あの女が椎ノ木だったかどうかは今も確証がない。

ただ、なんらかの関係はあったのではないかと隈戸さんは睨んでいる。

「でも、何故アレは私の所に出たんでしょうね。ホント、今も分かんないです」

身体だけ

着せ替え人形という物がある。

その名の通り自由に服や靴を着せ替えて楽しむ樹脂製玩具である。

頭部には繊維で植毛がしてあるので、髪型を変えるのも可能だ。

サイズは二十センチ強で、以外と大きい。

「この着せ替え人形が好きな男が居ました」

少しだけ言いづらそうな様子で、相内君が話し始める。

「僕の元友人で、ショウゴと言います。大学時代に知り合いました。五年前のことです」

ショウゴは所謂《いわゆる》イケメンだった。

身長も高く、細めの筋肉質。髪型も服も清潔感があり、持ち物の趣味も良い。周りには
いつも女性が群がっていたように思う。

趣味はフットサルと映画で、非の打ち所がないとはこのことだろう。

「でも、僕がふと漏らした言葉に、彼は凄く食いついてきて……そのとき、もしかしたら
この人、少し歪んでいるのかな、って気付きました」

相内君はフィギュア収集が趣味だった。

収集とは言え、特撮、アメコミ、美少女物など様々ものをつまみ食い状態である。

「何かの流れで、そのことをショウゴに話したんですよ。そうしたら彼が僕も似た趣味を持っているよ、って笑うんです」

多分、そのときからショウゴは相内君に対して心を許したのかも知れない。

「最初はアメコミものの高価なフィギュアの話から始まって、次第に美少女物になっていきました。そして途中から着せ替え人形のことはどう思うか？　って言うんです」

相内君は着せ替え人形については詳しくない。

ショウゴはガッカリするかと思いきや、逆に少し嬉しそうだった。

「なら、僕が教えてあげるよ、ウチにおいでよ、って誘ってくるんです」

どうもショウゴは着せ替え人形を収集しているようだった。

正直なところ、余り興味は無い。が、ショウゴがしつこいので思わず了承してしまう。

三日後の午後、ショウゴの家を初めて訪れた。豪邸だった。

「ショウゴの家は金持ちなんですよ。父親と母親が会社を幾つか持っているって。だから彼自身もお金に困ってないみたいでしたね」

部屋に通されたが、とても広い。十何畳かあった。

隣の部屋がコレクションルームだと引き戸を指さす。押し入れかと思っていたが、隣室へ直接繋がる出入り口だった。

「案内されて驚きました。壁という壁が着せ替え人形の棚なんです。窓も潰してあったから出入り口以外は棚。そこには服を綺麗に着せた人形が整然と並んでいたんですが――」

全ての人形に頭が無かった。

首の接続部が剥き出しになっている所から見て、頭部パーツを引き抜いたことが分かる。

相内君はショウゴに訊ねた。どうしてこんなことをしているのか。

「ショウゴは笑って答えましたね」

顔なんて要らない。身体にこそ真の魅力があるのだ、と。

「熱弁でしたよ。女性になりかけのコンパクトな身体から長い手足が伸びているのが至高だ、とかそんな内容でした。細かい部分は覚えていないですけれど」

着せ替え人形の蒐集はいいが、頭と引き抜いたものを並べて喜んでいるなんてちょっと危ない趣味だ。相内君はそう思いながらも、頭の取り方や、取った後どうしているのか、流用してパーツ取りとかしているのかと冗談めかして訊く。

ショウゴは少しだけキョトンとして、すぐに笑った。

纏《まと》めて購入してきた着せ替え人形はまず、頭を外す。潰すようにすればすぐ、らしい。

外した頭はすべて棄《す》てる。残ったボディから服を脱がし、裸にする（彼は脱がし、裸にする、と強調して言っていた）。

服は洗濯用液体洗剤を希釈した水につけ、押し洗い。その後丁寧にすすぎ、掌で優しく脱水し、陰干しにしておく。

裸になったボディはぬるま湯につけボディソープで綺麗に洗浄し、水気を拭き取る。その後に予め洗濯して置いた他の服を着せる……とショウゴは淀みなく語った。

「なんでも、自分以外が触れた身体だから、汚れている。それを清めるんだって」

異常な拘《こだわ》りと言う他ない。

そうなんだ、それは人形も喜ぶねと心ないことを言えば、ショウゴは微笑んだ。

君なら分かってくれると思った。同好の士の空気を感じた。これでこの話を聞いてくれる人が出来た、とても嬉しいと握手をされる。

ショウゴの部屋を辞すとき、彼は静かに言った。

「このことは、僕らだけの秘密だよ」

バラしたら酷いからね、と爽やかな笑顔を向けられた。

「もちろん黙っていました。いや、彼に何かされるというより、僕が何を言っても周りの人は信じないですよ。ショウゴはそれほどイケてる人間として認識されていましたから」

ショウゴの趣味を知ってから一年半ほど過ぎた頃か。

ある秋の日、彼から泊まりにおいでと誘われた。

「ある潰れた問屋から流出したデッドストックの人形が届くから、是非見て欲しいっていう理由でした。断りたかったけど、なんとなくショウゴが可哀想になって」

相内君はバイトが終わってからショウゴの家を訪ねた。

午後十時くらいだったと思う。

部屋には段ボールが五つくらいある。未開封らしい。

ショウゴは次々に梱包を開け、人形の箱を取り出していく。

そして、ひとつひとつを開けずに、ビニールの窓から中を覗いていった。

「でも大半が同じ商品というか。段ボールにアソートされている訳だからかなりの数がダダ被りしているわけです。それでいいのかな？　ってショウゴに言いました」

彼は深く頷いた。

大量生産の人形でも僅かにだが個体差がある。その個性が素晴らしいと答えた。

「そんなものか、いや、そんなに差なんてないだろって思いましたけどね。言いませんよ。マニアにはそんなの禁句です」

ショウゴは全部の段ボールを開けて、人形のケースを積んだ。
段ボールを処分し終わると午前になりかけている。
ショウゴはここに泊まっていけばと誘う。人形の箱があったとしても充分広い。
持ち込まれた二組の布団に並んで寝た。
「彼の寝室は別にあるみたいなんですよ。金持ち凄いですよね」
ショウゴは寝たままこちらに身体ごと向き、興奮気味に人形のことを喋っている。
相内君も付き合うしかない。適当に相槌を打っているとどこからか風を感じる。
すでに秋だから扇風機ではないだろう。エアコンかなと視線を巡らせた。
ショウゴ側にある、隣のコレクション部屋への引き戸が少し開いている。
そこから白く小さな手がひとつ出ていた。
甲と掌《てのひら》の上下を入れ替えるようにヒラヒラ動いている。
戸がもっと開いた。
幼い体型の、裸の子供らしきものがそこに立っていた。
動かしている手――右手を肩の高さに上げ、もう一方の腕はだらりと下がっていた。
下半身はショウゴで隠れて見えない。
ただし、首がない。頭部が闇に溶け込んだように消えている。

相内君は悲鳴を上げた。

ショウゴは上半身を起こし、コレクション部屋の方を見る。

その身体の向こうに、裸の子供らしきものが居る。

下半身が見えた。極端なO脚に思えた。

ショウゴが立ち上がり、素早く引き戸を閉める。

そして、扉を指先でコッ、コッ、コッ、コッと叩いた。

まるで何かを注意するような様子があった。

「その後、ショウゴが布団に入って謝るんです。ごめんね、寒かったね、ちょっと戸が勝手に開くんだ。欠陥建築かも、っていう風に」

それからショウゴは黙った。

彼はじっと天井を見詰めては、時折コレクション部屋の方へ顔を向ける。

相内君はその様子を窺うしか無かった。

朝まで眠れなかった。日が昇るとすぐにショウゴの家を出る。

「門まで来た彼は、前にみたいに僕にお願いしてきました」

――このことは、僕らだけの秘密だよ。

以降、ショウゴは相内君を誘わなくなった。

あんな物を見たこともあり、相内君自身も出来るだけ絡まないようにした。サークルや講義によってはコンタクトすることになったが、その場だけで終わらせるようにした。

大学を卒業してからは全く会っていない。

共通の友人から聞いたが、彼は家の事業を一部継いだようだ。


少しだけ周りを気にした後、実は、と相内君が口を開く。

「ちょっと考えたことがあって」

ショウゴの家に泊まる一ヶ月ほど前、隣の市で女児が行方不明になった。

大々的な報道はされていない。コンビニや電柱、高速のＳＡやＰＡに張り紙がされるくらいの規模で、情報収集のお願いがされていた。

そこには少女の情報が細かに書かれている。

年齢は十歳。身長は百三十センチ程度。中肉。

先天的な理由で、左手が不自由である事。

右手を肩の高さに挙げて、甲と掌の上下を入れ替えるように、手首をクルクル回しながら手を振る癖がある事。

足はＯ脚気味で少し歩行が困難である事。

人なつこい性格であったが、少々言葉が遅れている事。

添えられた写真は少女の全身とバストアップだった。

無邪気な笑顔がそこにあった。

「まさかとは思うんですけどね。ショウゴが、その子に関わっているんじゃないかって」

ただの憶測だから、いかんともし難いと相内君はため息を吐いた。


少女は今も行方不明のままである。

登ってくる

町村さんが義理の母親から聞いた話を教えてくれた。

「義母が住んでいたのは山間の町で、平らな場所が少なかったみたいです」

僅かにある平坦な土地に家を建てるが、それだけでは足りない。

ある家は〈下に川が流れる狭い崖の上〉に自宅を構えていたという。

家の裏にある崖は高さは数メートルはあり、人が登るのも降りるのも難しい。

「義母曰く、一歩間違えれば、家ごと川に落ちそうな感じだった、と。それくらいギリギリに建てていたみたいですね」

この家に住む人は小野田という。

父親、母親、息子の三人暮らしである。

小野田の母親が不思議なことをよく言った。

「家の裏に流れる川で人が死ぬと、家に上がり込んでくる、って」

川で溺死者が出た晩は、裏の崖から死んだ者が登ってくるのだという。

時間は午後九時から午前十二時の間だ。

遺体が見つかっていても見つかっていなくても、死者はやって来る。

ある意味、川で行方不明になった人間の安否がこれで分かるとも言えた。

「死んだ人が来るとき、前兆があるらしいです」

川の音に混じって、何か人の声が聞こえる。

それは「よいしょ、よいしょ」だったり「ああー、ああー」という喘《あえ》ぐような声だったりと様々だったようだ。

声が聞こえると小野田の家の者が川に面した窓を開ける。丁度崖の上である。

その窓を乗り越えて、死者は入ってくる。

死んだときの姿で畳の上に膝を揃え、頭を垂れたまま何も喋らない。

小野田の母親は彼らに熱いお茶を出してやる。

飲むことは無い。が、その茶から湯気が無くなる頃すーっと姿を消すのだ。

「普通なら怖くて、そんなこと出来ないと思いますよね。だから義母も小野田の人に何度か聞いたことがあるんですよ」

小野田の母親は答える。

〈土左衛門《どざえもん》に茶を出した後、何故か幸運が舞い込むようになる。だから、彼らが来るときには歓迎しているのだ〉

溺死者が登ってくるようになったのは、ここに家を構えて一年ほどしたときだった。当時築二十年は過ぎていたから十九年は死者を迎えていたことになる。

「小野田の母親も義母には言ってたみたいですよ。最初は向こうが勝手に入ってきた。怖かったし、とても厭だった。でも、あるとき知り合いの修験者に相談したら〈茶を出してあげなさい。それでアンタたちには幸運が舞い込むから〉って教えて貰ったとか」

だから小野田の人たちは我慢をし、死者を丁寧に扱っていたのだろう。

「でも、あるとき、ちょっと困ったことがあったみたいです」

近隣の地域で女性が行方不明になる事件があった。

まだ十代のその人は家出をしたりするような人間では無かった。

が、数日後、無残な姿で発見される。

女性は乱暴された後、小野田の家の下に流れる川に生きたまま投げ込まれたのだ。遺体が下流で発見された。

「このとき、この女性が小野田の家に登ってきたんですが、昼間だったようです」

いつもと違うのは時間帯だけではなかった。

例の如《ごと》く川音を遮って女性の声が聞こえた。昼間なのに不思議だと窓を開けておく。間もなくして誰かが入ってきた。裸体の女性だった。

濡れたまま、畳の上に座る。

女性は顔を上げて、キッと何処かを睨み付けている。

その表情は血の気が引くようなもので、恐ろしいことこの上ない。

よく見れば顔や身体には幾多の傷や痣があった。

いつものようにお茶を出すが、いつまでも消えない。ああ、これは目の前のお茶に気付いていないのだと何度か語りかけて、漸《ようや》くその人は下を向き、消えた。

このときは、小野田の家に目立った幸運はやって来なかったという。

因みにこの女性を殺した犯人は今も見つかっていない。


「なんだかんだで小野田の家は金銭的に潤ってきました。お金が貯まると同時に、山側にある広い土地を買って、二階建てを建設して移り住んだんです」

川縁にあった元の家は放置されたまま、誰も住まなかった。

川から死者が上ってくる家なのだから、当然だろう。

放置された家屋は次第に朽ちていくが取り壊されることなくそこにあった。

が、ある嵐の翌日に倒壊し、半分以上川に落ちて流された。

その影響で崖が崩れ、元の地形が少し変わっていたという。

「そこまで来たら流石に小野田もきちんと取り壊しをしたみたいなんです。でも、その直後に小野田家で事件が起こりました」

母親が溺死した。

場所は移り住んだ家の風呂だった。

入浴中に意識を失い、そのまま湯船に沈んだのである。

母親の葬儀と四十九日が終わった辺りで、また小野田の人間が死んだ。

十九歳になる息子だった。

死因は母親と同じく、入浴中の溺死だった。

残された父親はひとりその家に住み続けたが、いつしか居なくなってしまった。

なんでも酒とギャンブルで身を持ち崩しての夜逃げだったと言う。

「土地家屋はすでに人手に渡っていて、新しい人が入ってきました。でも、すぐに出て行くのでいつも空き家になっていたそうです」

浴室に全裸の中年女性と若い男の幽霊が出るからだ、という噂だった。

その姿を見た人が言うには中年女性は小野田の母親。若い男は息子。風呂に入っているといつの間にか洗い場に揃って立っている。

顔を前に向けて何処かを睨み付けている様子だった。

「その睨み付けている方角は、あの川縁の家の方向だったみたいですね」

現在、町村さんの義母が住んでいた町は市町村の合併で名前が変わった。

老人ばかりになり若い人は少ない。過疎化で、後は死にゆくのを待つのみである。

新しく立った小野田の家がどうなったのか分からない。

そして、行き場所を失った溺死者が今、何処へ身を寄せているのかも、分からない。

白いスーツ

田崎さんが田舎の電車旅をしていたときだ。

「二時間に二本とか、そういうノンビリした電車を乗り継いで行くんです。車窓からの景色や適当に下りた駅の周辺を撮影したりして、とても楽しいんですよ」

四十路を前に独身の彼には一眼レフカメラを抱えて、田舎を楽しむ余裕があった。


晩秋の午前中、田崎さんはあるローカル線を南に下る。

田園に上る野焼きの煙や遠くの山々はそれだけでフォトジェニックだったと言う。

「二両編成の電車には僕以外数人しか乗っていなかったですね。特に僕の居た車両は自分以外客が居なかったので、窓を開けてレンズを外に向けていました」

快晴のほどよく枯れた風景の中に、青い瓦屋根の家がある。

多分農家だろう。近くにはトタン屋根の小屋とサイロがあった。

心惹かれる風景にファインダーを覗く。

「そのとき、レンズ越しになんだかおかしなものが見えたんです」

屋根の上に、白いスーツを着た人が立っている。

前傾姿勢で、両手を前にだらりと垂らしていた。

思わずズームすると、それが薄い白髪の老人だと分かった。

咄嗟にシャッターを切る。

「異様だったんです。何やってるか分からなかったけど、その地方独特の風習かな、みたいな認識でした」

数枚撮ったとき、家は山に隠れた。

確かめてみようとカメラの液晶を覗く。

家はしっかり写っている。しかし、老人はどこにも居ない。

拡大していくと、老人が居たはずの場所だけが酷くぼやけていた。

「これまでいろいろと撮影をしてきましたが、こんなの初めてでした」

ズームのしすぎであまり面白くない写真だったのだが、一応残しておいた。

そのまま終点の駅まで乗る。帰りの電車の時間は二時間後である。

その間に風景写真を撮影しながら近辺を歩いた。

「そして帰りの電車に乗ったんですけど、ふと、あの家のことを思い出したんですよね」

家が見える方の窓際に座り、じっと待った。

見覚えのある景色が近づいてくる。

山が途切れ、青い屋根とサイロが見えた。

その瞬間、あっと声が出た。

その家が燃えている最中だったからだ。

窓を開けると、遠くから消防車の音が途切れ途切れに聞こえる。

一瞬カメラを構えたが、その行為が余りにもさもしく感じ、すぐに手を下ろした。

見ていられなくなって、逆側の席に移ってやり過ごした。


「旅から戻った翌日、友人がウチに土産を貰いに来ることになりました。仕事帰りなので少し遅い時間でしたね」

田崎さんが待っていると、友人がやって来た。

そしてしきりに首を捻っている。

どうしたのか訊くと、彼はこんなことを言った。

「ここに来る途中、お前の家から三軒くらい隣の家で変な物を見た」

屋根の上に白いスーツの老人が居た、と言うのだ。

下から見えたと言うから、屋根の縁すれすれに立っていることになる。

よくよく聞くと、どうもあの日に自分が見たものとそっくりだった。

「あの家のことを話すと、友人はびっくりしていました。で、一緒に外に出て、確認に行ってみたのですが、もう白いスーツの老人は消えていました」

家に戻り、老人が写った写真を見せようとしたがデータが壊れており、読み込みが出来なくなっていた。

「友人は、なんだか不吉な物を感じるな、三軒隣の家、大丈夫かな？　って」

果たしてその晩だった。

眠ろうとしていたとき、けたたましいサイレンの音が近づいてくる。

消防車ではなく、救急車のサイレンだ。

外を確認すると、三軒隣の家の前で救急車は止まった。

「そして、次の日はお通夜になりました。お子さんが亡くなったみたいです」

それ以来、白いスーツの老人の話は聞かなかった……はずだった。

半年ほど前、田崎さんはあの老人を見てしまった。

それも、自分の家の中で、だ。

二階に上がろうと階段の下からふと視線をあげると、一番上に居た。

あっと声を上げたと同時に老人はすっと身を隠す。

勢いで駆け上ったが、もうどこにも居ない。

あの、前傾姿勢で両手ぶらりであり、視線は田崎さんを捉えていたという。

そしてその晩、田崎さんは下腹に激痛を感じ、救急車を呼ぶことになった。

急性虫垂炎からの腹膜炎で、一歩間違えば死んでいたと後に医師から怒られた。

「ところが、盲腸の痛みを我慢とか全くしていませんでしたし、それこそなんの前兆も無かったんですよ。だからおかしすぎるんです」

あの白いスーツの老人が絡んでいるのか、改めてゾッとしたことは言うまでもない。


今のところ、田崎さんの周りであの老人の話は耳にしない。

今のところは、だが。

裏切り者

木浪君は過去、女性に裏切られたことがある。

「十五年前。専門学校に通っとったときですわ。俺も十九くらいで」

当時付き合っていた彼女も同じ専門学校だった。

外見は十人並みだがとても気が合う。

ただ、その彼女は少し心を病んでいた。

「付き合ってるとき、俺の後輩と浮気したっていうんですわ」

後輩は木浪君と全く違うビジュアルをしている。

中肉中背で、シャープな印象だった。

ふたりに追求すると「ごめんなさい。心が弱くてごめんなさい。貴方のことが好きなのに、寂しくなっちゃったの」と彼女は後輩とともに土下座する。

木浪君はその様子を見て、黙ってしまった、
赦《ゆる》した訳ではない。自分のふがいなさに厭気がさしたのだ。

「もうええわ、勝手にしろ、お前ら付き合うなら付き合えって言ってやりましたわ」

それから数日後、木浪君は専門学校の先輩達に呼び出された。

先輩と言っても卒業生でOBある。

ただ、学校を去っても可愛がっていた後輩のことを大事にしてくれる人達であった。

「おい木浪、聞いたで、って。元彼女と後輩のことをセンパイ達、知ってたんですわ」

先輩達は口々に復讐しろと言う。

「当時のセンパイ達、俺が言うのもなんですけど漢《おとこ》！　って感じなんですわ。それこそ仲間は大事にしろ、裏切るなって言う、侠気が溢れとって」

そんな人達だから、木浪君の後輩の裏切りを制裁しろという。しかし復讐と言ってもどうやればいいのか分からない。

ひとりの先輩は「そいつら拉致って、女は皆でマワして、男はリンチに掛ければええ。裏切りもんの末路を思い知らせたれ」と憤る。

そこまで聞いて、リーダー格の先輩・大久保が立ち上がった。

「それ、いいやないか。でも俺らは女を傷モンにしちゃいかん。それが俺ら仲間のルールや。もっとええ処刑方法考えようや」

皆で知恵を出し合って、それを大久保が纏《まと》めた。

元彼女と後輩の処刑は、二週間後の真夜中に決まった。

「まず元彼女は俺が連れ出しました。後輩とも結局うまくいかなくて俺と元サヤになれるってソイツ、勘違いしてましたけどね。途中、センパイ達の車に乗せて、予定の場所まで一緒に移動しましたわ」

予定の場所とは、田んぼの近くに一軒だけある二階建ての廃アパートだった。

老朽化ですでに取り壊しが決まっており、住民は誰も居ない。

「大久保センパイが知り合いのツテで、そこを使っていいと許可をもろてたんです。流石の大久保センパイですわ。鍵も渡されて、前日からしっかり準備してました」

計画通り、一階の部屋へ元彼女を連れて行く。

中にはすでに後輩が座らされていた。

先輩が予め捕獲し、連れてきていたのだ。顔を見ると少し腫れて、鼻から血が出ている。

「そして、大久保センパイが皆に命じたんです。コイツらそこの椅子に縛り付けろって」

木浪君以外、先輩達が一気に元彼女と後輩をひとりずつ、椅子にガムテープで固定していく。

何重も巻くと、テープとはいえ動けなくなるし、自力で破るのは不可能だ。

拘束を終えると、何人かで担いで、隣の部屋へいった。

まず後輩を、出入り口から見て左側の壁に接地する。

今度は元彼女を右側の壁に置く。元彼女と後輩が対面になるよう、配置された。

どちらも口汚く、こちらへ向けて怒鳴っている。

「これじゃ話にならんと、大久保センパイが脅したんですわ。黙らないと殺すぞ、って」

ふたりはぴたりと黙った。

「それ見て、俺思いましたわ。コイツらも大久保センパイの怖さや凄さを知っとるな。流石大久保センパイやなー、って感動しました」

静かになった部屋で、大久保がそれぞれに噛んで含めるように話しかける。

自分は可愛い後輩である木浪を裏切ったことが赦せない。

そして木浪は優しいからお前らには何もしなかったが、俺は違う。

裏切り者は殺してやりたいが、それをしたら俺らが犯罪者になる。

「だから、他の処刑をする、って大久保センパイが判決を言い渡すんですわ。えっらいカッコええなあって、俺のためにここまでしてくれるかー、って感動しましたもん」

そして、大久保は処刑の内容を説明し出す。

「この部屋はこの前不法侵入の浮浪者が死体で発見された場所だ。見つかったとき、酷い姿だったらしい」

遺体があったのは丁度部屋の真ん中だった。

取り壊しが決まっているので、清掃すらしていない。畳には腐乱死体のシミが残り、特有の悪臭が漂っている。

「ここでお前ら一晩過ごせ。明日の朝、迎えに来てやる。その間、反省しろ」

黙りこくったままおびえた顔のふたりを余所《よそ》に、先輩達は部屋に色々持ち込んできた。

枯れた菊の花束。未開封の缶コーヒー。お菓子類。ぬいぐるみ。

更に彼らの足下を中心に土を撒き、その膝に遺影のような物を乗せた。

「花やお菓子、ぬいぐるみとかは死亡事故現場から。土は無縁仏の墓の土。遺影はどっかの廃墟から持ってきたんですわ」

全て曰く付きだと大久保が宣言する。

元彼女と後輩は大声で叫び始めた。やはり怖いらしい。

しかし大久保達先輩連中は嘲笑った。

「ここはもう誰も住んでいないから、大声を張り上げても誰も来ないし、助けも来ない。だから朝まで反省しながら、何か出てこないか楽しんでくれ」

先輩達は木浪君を伴って、部屋を出、鍵を掛ける。

中から叫び声が聞こえるが、全員無視をしていた。

車に乗り込んで少し離れたファミレスへ移動する。

「朝までここで待機しておく予定でしたわ。ふたりを閉じ込めた部屋は窓も施錠しているので誰も悪させんやろ、と。それに処刑って言っても殆どギャグですわ。曰く付きの部屋に曰く付きのアイテムを放り込んで閉じ込めるくらいなんですから」

途中、木浪君と先輩のひとりが様子を見に行った。

静かになっている。そっと裏に回って中を覗くと、ふたりとも椅子ごと横倒しになっている。どうも暴れた挙げ句、倒れてしまったようだ。

声を殺して笑い転げ、ファミレスに戻って報告した。

大久保も腹を抱えて大笑いしていた。なんとなく裏切りへの溜飲が下がる。

和気藹々《あいあい》と会話を交わしている内に日が昇ったので、皆でアパートへ向かった。

部屋へ入って驚いた。ふたりとも起き上がり、普通に椅子に座っているのだ。

あれだけがんじがらめにされていては自力復帰は無理なはずだ。

話を聞こうと近づけば、ふたりとも反応がない。目を閉じている。寝ているのかと声を掛けても目覚めない。

では倒れていたことが見間違えなのか。周囲の土を見ると、椅子が動いて倒れたような痕跡があった。が、他にもおかしなものがあった。

赤ん坊のような小さな手形と足形だ。どちらも指まで分かる。

侵入者が居たのかと窓などの施錠を確認したが、きちんと内側から締まっていた。ドアにも鍵が掛けられていた。自分達で開けて入ったのだから間違いではない。

「一体何があったんや」

大久保が少し狼狽《うろた》えている。全員で元彼女と後輩の拘束を解いた。

何度も呼びかけると漸く目を覚ます。

あの後、何があったのか訊ねるがふたりとも要領を得ない。

分かったのは、放置されて少しした後からのことを覚えていないことだけだった。

仕方がないので、ふたりを車に乗せ、先輩のひとりが送っていった。

残された人達で片付けようとすると、大久保が止める。

ここは壊すだけだから汚していてよいと、そのままにして皆帰った。

「その後、元彼女も後輩も普通に暮らしていましたけどね。でもふたりとも突然学校辞めて、田舎に帰りましたわ。事情？　そんなもん知りません」

ただ、それよりも悲しいことがあったと、木浪君は暗くなる。

あの日付き合ってくれた先輩のひとりが職場で右手を切断した。

また他の先輩は現場の足場から落ち、亡くなった。

他にも家が全焼したり、会社を解雇されたりと、何事か不幸に見舞われていた。

どれも元彼女と後輩が居なくなってからのことだ。

「でも、大久保センパイが、一番可哀想なんですわ」

大久保は車の事故で首から下が動かなくなっていた。

彼は仕事場近くのダムを車で通っているとき、スリップ事故を起こした。車が大破し、大久保は脊椎に損傷を受けたと言う。

「俺、見舞いに行きましたけど、もう見ちゃいられないんですわ。あの大久保センパイが動けなくなって、糞尿ダダ漏らしとか……。死ぬより苦しい状態で、生きとんですよ！あんなに立派な人が！　神様は残酷や！」

木浪君はこれらが件のアパートの件に因縁があると、余り思っていなかった。

先輩達の不幸は、後輩と元彼女の恨みや呪いが原因ではないかと感じているようだった。

そんな木浪君は最近職場の健康診断に引っかかったが、ただそれだけだ。

会社の先輩達に可愛がられながら、今日も元気に人生を謳歌《おうか》している。

仕掛け

駒田さんの父親は癖が強い人物だった。

「うちの親父、全て自分の思い通りにならないと気が済まないタイプで」


彼が三十二歳の頃だったか。こんな問題が起こった。

駒田家が所有する土地を、ある親戚が格安で譲渡して欲しいと依頼が来たのだ。

なんでも自分と息子夫婦が住む二世帯住宅を建てたいらしい。

それだけの坪数がある上、周辺には小学校と中学校、大手スーパーが立ち並んでおり、かなり便利な場所だ。普通に売ればかなりの値が付く。

「僕が言うのもなんだけど、その親戚は問題が多いんです。守銭奴と言うか、自分たちさえ良ければいいんだ、的な。個人的には格安で渡すなんてもっての他でしたね。そもそも土地なんて渡したくなかったですし」

ところが彼の父親はその親族に土地を売ることを決めた。

値段は格安だった。

息子として異議を唱えたが、父親は言うことを聞いてくれない。

結局、その問題ある親戚の手に土地が渡ってしまった。

「それどころか、施工業者とか色々親身になって世話したんですよ。うちの親父」

あっという間に地鎮祭、基礎工事と進んでいき、親戚の二世帯住宅は完成した。

駒田さんの父親は新築祝いを贈ったが、何故か宅配便を使う。

自分で持って行った方が早い距離のはずなのに。

「ここでちょっと変だな、って思ったんです」

彼は父親にどうしてお祝いの品を直接持って行かないのか訊いた。

「そうしたら、あそこにはもう足を踏み込めないからな、って」


父親は土地にある仕掛けを施していた。

ひとつは、地鎮祭を不完全に済ますこと。

もうひとつは、土地の一部にある物を埋めさせたことだ。

「なんでも、無縁さんの墓石と、その下に埋まっていたの物と、魂抜きしてない墓石だったらしいんですよ」

地鎮祭を行ったのは神主ではなく、それらしい格好をした人だった。

また施工業者は父親の古い知り合いで、その企みを秘密裏に行ってくれたらしい。

墓石等どこから持ってきたのかと訊けば「裏技だ」と父親は笑った。

「どうも元々、父親もその親戚が嫌いだったと」

だから穢した土地に住まわせてみた、らしい。

「父親もなんだかんだで建築業界に詳しいですからね。以前、地鎮祭をしない土地に建てた家で不幸が連続したり、よくない土地に住んだ人が次々病気で死んだりとか見てきたんですよ。だからきっとあの親戚にも何かあるはずだ、って言い切りました」

父親の目論見通り、親戚一家には様々な悪いことが降りかかった。

まず、息子夫婦の子供が家の中で突然死した。まだ五歳だった。

次に息子の妻が子供を亡くしたショックからか、農業で使う劇薬を飲んだ。

病院へ搬送され命は助かったが、心の方が壊れてしまい他へ入院となった。

息子も塞ぎ込み、自殺未遂を繰り返す。こちらも精神科へ入院となったようだ。

広々とした家に残された親戚夫婦だったが、こちらはしぶとく住み続けた。

ところがふたりとも病気がちになり、常にどちらかが床に伏せる事態になっていた。

「で、うちの父親がその親戚を食事に呼び出したんですよ。鰻屋だったかな。栄養を摂ってくれ、って名目で」

父親はその席で、家の状況を根掘り葉掘り訊いた。

あの土地で、家で何があったのかを吐かせたかったのだ。

「ところが戻ってきた親父が怒っているんですよ。アイツらの話には普通の幽霊が出てくるようなものばかりだった！　って」

駒田さんは我が父ながら呆れ果てた。

もう出来るだけ向こうの親戚と関わらないように言うのだが、首を縦に振らない。

「俺が嫌いなアイツらが破滅するまで、見届けるんだ！　って」

駒田さんは父親のしたいようにさせた。

それから二年ほどで件の親戚夫婦は相次いで亡くなった。

ふたりとも内臓系の病気だった。

あの家と土地は残された息子夫婦の物だが、管理が出来ない。

結局、駒田さんの父親が元値の三分の一程度でもう一度買い戻し、不動産会社へ売り払った。

立地条件が良いためかすぐに買い手が有った。が、入居して僅かな時間が過ぎると、何故か空き家になってしまう。

「やはりあんなことをしちゃっているからだと思うんですよね。今もそこは売り家の看板が出ていることが多いですよ」

駒田さんの話がここで終わったかと思った。

ところが彼はまだ少し喋ることが残っていると言った。

「実は、土地を売り払った後、うちの親父、まだ若いのに認知症が始まって」

脳血管性認知症であった。次第に症状は進み、車椅子での生活を余儀なくされた。

母親ひとりに世話を任せるのも心苦しく、彼は実家へ戻った。

まだ独り身だから出来たことだった。

「親父、感情の波があるんですよ。怒り出すと延々と叫んでいたし、そうじゃなければピタッと黙り込んで何かじーっとしてました」

その叫びの中に、こんな台詞《せりふ》があった。

〈おまえ、なんでそこにいる！〉

〈おまえらはしんでるだろー！〉

〈あのとちのことか〉

〈おまえらがわるいんだ〉

呂律が回らない中、途中途中にあの親戚の名前が入る。

床を、険のある顔つきで見据えている。

「ああ、親父、認知症のせいで変な幻を見ているんだなぁって思ったんですよ。でも」

駒田さんは一度だけ目撃した。

父親がいつものように親戚の名前を叫んでいる。

そのとき、麻痺しているはずの足が不自然に動いているのを、だ。

それはまるで誰かが足首を掴み、下へ引っ張っているような動きだった。

思わず止めろと大声を上げれば、父親の足はぴたりと動かなくなった。

それと同時に、父親はまた静かになったという。

「ああ、これは死んだ親戚が関係しているなと確信しました」

駒田さんは家に僧侶を招いて祈祷して貰った。

だが、父親の認知症は酷くなる一方だったし、親族の名を叫ぶことも止まなかった。

「今はまだ親父の世話もあるし、同居になるんで、嫁さんの来てはないですね」

なんで親父、あの土地に、親戚にあんなことをしたんだろう。

駒田さんはぽつりと呟いた。

「超」恐い話 死人

2017年11月4日　初版第1刷発行

著　者　久田樹生
デザイン　橋元浩明(sowhat.Inc.)
発行人　後藤明信
発行所　株式会社 竹書房
〒102-0072 東京都千代田区飯田橋2-7-3
電話03(3264)1576(代表)
電話03(3234)6208(編集)
http://www.takeshobo.co.jp
印刷所　中央精版印刷株式会社

定価はカバーに表示しています。
落丁・乱丁本の場合は竹書房までお問い合わせください。

ISBN978-4-8019-1254-0 C0176